U0154476

人工智慧來了！
身為公民您該知道什麼？

A Citizen's Guide to Artificial Intelligence

編著──約翰·澤里利（John Zerilli）

著──約翰·丹奈爾（John Danaher）　　詹姆士·麥克羅林（James Maclaurin）
　　柯林·蓋文翰（Colin Gavaghan）　艾利斯特·諾特（Alistair Knott）
　　裘伊·黎迪寇（Joy Liddicoat）　　梅瑞兒·努爾曼（Merel Noorman）

譯──謝孟達

審閱──陳敦源、黃心怡

五南圖書出版公司 印行

數位治理研究中心叢書系列出版說明

　　2008 年 9 月，政治大學在行政院國家發展委員會的資助下，成立了「電子治理研究中心」，於 2021 年 5 月改名爲「數位治理研究中心」，2022 年行政院數位發展部成立，中心也隨之改隸於數發部轄下。本中心的目標是從研究與實務雙重管道下推動政府數位轉型（digital transformation）的工作，經過十七年兢兢業業地營運，已儼然成爲國內公部門數位轉型最重要的研究中心之一；不過，有鑑於多年來中心已經儲存了大量的編碼與默會知識，在外部環境一日千里改變的過程中，社會期待本中心能在公開發表的行動上投注更多心力，將中心理論與實務工作中所累積的知識果實分享於社會，因此，本中心與五南圖書合作，雙方一起催生了這個叢書系列。展望未來，數位治理研究中心能夠藉著這個叢書，建構華人世界孵育與創造公共部門數位轉型相關知能之重要知識平臺，也期待可以引領兩岸四地的政府進入二十一世紀智慧政府的新時代。

AI 發展的「苦樂參半」（bittersweetness），人們能藉由學習來自我救贖嗎？

先說一個網路上流傳的辦公室真實小故事。

> 　　有一天的一大早，一個組織內的長官，因為單位工作上出了一個不大不小的包而召集大家開會……
> 長官：「（氣呼呼）這事的內控機制怎麼失靈的，你們怎麼都……」
> （長官 iPhone 手機忘了關靜音，會場一片死寂下……）
> Siri：「我不知道你在說什麼！」（聲音在廣大會場不斷迴響……）
> 長官：「（漲紅著臉）誰……」
> 員工 A：「（私下對員工 B 說）只有人工智慧敢說真話，也最白目！」
> Siri（繼續白目）：「內控機制的定義是……」
> 長官：「（臉色已經分不清是紅還是黑）……」

　　人工智慧（artificial intelligence, AI）的發展從科技創新上來說，的確是人類近百年以來一項了不起的成就，不過，另一方面來說，除了核子武器可能帶來立即的毀滅之外，從來沒有一項科技發明會讓人類生存的價值產生這麼多的危機感，事實上，對應這樣一個重要的科技發展，連科技菁英們彼此之間也有不小的分歧。

　　2017 年約莫夏天的時候，美國科技業兩大龍頭：Facebook（2021 年 10 月後，該公司已改名為元宇宙，Meta Platform, Inc.）的馬克・

祖克柏（Mark Zuckerberg）與特斯拉（Tesla）的伊隆‧馬斯克（Elon Musk），為了對 AI 的未來的預期而隔空交火，[**1] 馬斯克認為 AI 將會帶來人類的末日（doomsday），因為它會消滅人類並且引起戰爭；但是，祖克柏卻認為，馬斯克所說的話是不負責任的，因為他認為 AI 將會在未來創造出大幅改善人類生活品質的應用，只要我們注意我們想要打造什麼、打造它的方式，以及它是如何被人們應用。先不說這些科技大老們之間的鬥嘴，本文開頭的故事中，當下氣呼呼的老闆與一直想看慣老闆出糗的員工之間，對於 AI 的發展與應用，一定會有著截然不同的看法。

人類能夠創造出一個毀滅自己的自己？

　　有趣的是，就在前面兩大科技人的交火後不到一個月，媒體傳出 Facebook 的 AI 研發部門在進行實驗的時候，意外發現 AI 機器人之間會用人類不了解的語言互動並且達成任務，新聞報導說 Facebook 馬上關閉這個「**危險**」的實驗；但是，後來 Facebook 相關部門出來闢謠，說實驗部門只是修改程式碼而已，沒有什麼害怕而關閉 AI 實驗的問題。[**2] 當然，1997 年美國 IBM 的一臺名為「深藍」（Deep Blue）的電腦，在公開場合打敗當時俄籍的西洋棋王 Garry Kasparov 後，2016 年英國的 Google DeepMind 的一臺名為「阿爾法圍棋」

[**1]　請參考 2017 年這個網路新聞：「AI ＝世界末日？特斯拉馬斯克與臉書祖克伯槓上了」。

[**2]　請參考 2017 年 8 月《臺灣醒報》的這個新聞：「AI 自創密語要工程師？FB 忙闢謠」。

（AlphaGo）的電腦，在公開場合以 4：1 擊敗韓籍的世界圍棋冠軍李世乭，自此，人類創造的 AI 已經在自古以來專屬於人類之間的智能對奕領域，憑實力闖出獨立向創造者人類誇勝的名號。

　　好萊塢電影老早就將這種人類造「人」的努力中，那種「苦樂參半」的情緒製作出無數娛樂價值極高的電影。比方說，1982 年華納兄弟公司出品的預言式電影《銀翼殺手》（*Blade Runner*），就是描繪未來世界人類與仿生機器人之間的愛恨情結；表面上，該電影是描繪執法機關對於逃逸生化機器人的追捕行動，實質上，那是人類面對和不完美自己幾無差異的仿生機器人之恐懼的預演；電影中主角仿生機器人殺手戴克（Rick Deckard）與仿生機器人貝提（Roy Batty）在一場追殺的場景中，貝提問戴克說：「你這樣不斷開槍殺害無名的對手是很沒有運動家精神的，我一直以為你（指人類）應該是良善的，你難道不是好人嗎？欸，戴克先生，展示給我看你（受造的）成分是什麼！」[**3]

　　事實上，具有創造力的人類面對受造物不受控制的恐懼，是不完美的人類最矛盾的存在，這個矛盾緣於基督教信仰讓人類面對自己是受造物的信仰判決，然而，人類想用自己也能創造與自己完全一樣的（仿生）人類，來證明上帝不是唯一的創造主！但是，我們雖自傲於用自己的雙手，可以創造出 AI 的尖端科技，並大力宣揚 AI 是多麼像自己，隨著 AI 在二十一世紀初期的增速發展，我們對於未來與 AI

[**3] 原文劇本對話如下："Not very sporting to fire on an unarmed opponent. I thought you were supposed to be good. Aren't you the 'good' man? C'mon, Deckard. Show me what you're made of."

關係的憂慮，也呈現等比級數的同步增長。因此，我們一方面開始像近年歐盟一樣，快速產出各種相關的監管法規，希望可以超前部署來預防 AI 可能帶來的負面影響；另一方面，世界的強權之間也對誰能單獨掌握更先進的 AI 技術而展開冷戰，反轉全球化的潮流並將人類帶向戰爭邊緣。

在 AI 無所不在之前，我們需要更多地理解「它」嗎？

對於生活在二十一世紀的我們來說，沒有比 AI 更重要並更具生存威脅性的科技發展，雖然從學科分類來看，理工背景的人們似乎對於其技術面的發展有著高度專業不對稱的優勢，但實際上這個議題已經不只停留在純技術發展的層面了，我們必須回頭檢視並且交待《銀翼殺手》中仿生機器人向人類提出的兩個倫理層次的問題：「你的本象是什麼？」以及「你的存在是良善的嗎？」這兩個因 AI 快速發展，人類必須重新自我反省的問題；因此，AI 這個「它」，不只是一組優化的演算法，而是一個反照人類自己存在意義的哲學試煉，因此，我們在基礎知識上需要更多的思想準備，才能讓人類手中「它」的生成過程，不會對人類造成末日似的傷害，而本書存在的終極價值，就在於此。

本書的主要作者約翰・澤里利（John Zerilli），是澳洲國立大學的哲學博士，他本人具備哲學與法律的背景，以及對於認知科學、AI 與其有關的政治經濟有著高度的研究興趣。他和一群作者以本書向非專業的讀者，仔細介紹了 AI 對人類社會所掀起的意識騷動（fuzz），不過，本書不像市面上汗牛充棟的入門科普書，因為作者

本身的哲學訓練與公共性（publicness）的認知，對於 AI 的發展有著深入皮下的觀察與思考；當然，本書看起來是多作者合著，但是讀起來卻一氣呵成，主要原因是澤里利在前言中自陳，本書雖然有邀請合著者參與，但他本人都有一體改寫過，結果是大約超過五成的文字是由他主筆。因此，本書非常適合當作中等、高等學府或公務人員訓練的討論研讀教材。

　　本書內容包含 AI 所可能牽涉到個人與社會幾乎所有的面向。從第一章「什麼是人工智慧？」談起，一直到第十章「監管」，這其中作者不斷用案例與概念提醒我們面對加入了 AI 的社會運作，一位關心自己權益與發展的公民，應該要關注哪些問題，包括政府、企業與第三部門的工作者，又可以怎樣的理念與方法來應對；特別對於認知到未來人類與 AI 共同生活的世界，已經迫在眉梢的人們，本書可以提供某種「一站式」的閱讀與思考基點。更重要的是，作者在序言當中談到 AI 讓社會激起期待與爭議的連漪之下，最核心的思考問題就是 AI 的發展與應用，對於人的尊嚴會有什麼影響？這問題的重要性，將起於人類生活中被 AI 改變的所有層面，但是絕不會止於人類意圖控制它的成敗。

思索人類受 AI 影響的未來，是當代公民「AI 識讀」的責任！

　　面對 AI 在未來全面導入人類的生活，影響最大的是個人或公共的決策場域，AI 要不是協助人們做決策，就是取代人類進行決策！

作者在第二章就以「**透明**」這個理念來回應人類將與 AI 協同決策的全新狀況；在過去，人之所以為人，就是我們要對自己基於意識甚至潛意識決定下的行為負起責任，因此，如果 AI 做的決定像人一樣會大大影響身邊的利害關係人，我們希望 AI 系統的決策應該具備「**可解釋性**」（explainability）的本質。澤里利在其學術論文中用一個拉丁詞來描繪這個應對意圖：「*in loco hominum*」，**4 意指「**如果 AI 像人類一樣地決策，也要能像人一樣可以解釋這決策的緣由。**」AI 的系統如果要像人一樣做出影響他人的決策，它就必須被賦予和人類一樣的責任。

　　再者，以第六章的「**隱私**」主題為例，作者利用實例說明 AI 之所以讓人擔憂，其緣由在於網際網路技術的快速發展，社會每分每秒都在產出巨量資料，而這些資料正是演算法背後的能源所在，2022年一年，全球就產生了 94 zettabytes（1ZB = 10 億 TB）的資料量，AI 的功能在於找出連人類都想像不到的規律，更令人不安的如作者所言「**機器學習法可以利用非敏感資訊預測出當事人的極敏感資訊**」，作者以其法律的專業素養，言簡意賅地提醒讀者不要忽視自己的隱私權益，要保有判斷企業所提供自動化智能服務背後，是否存在非法使用資料的可能。不可諱言地，在所有你與我的資料都無可避免地被（永久）儲存下來的當代，保護隱私雖然不甚容易，吾人也不應棄隱私於

**4　請參考這一篇文章：John Zerilli, "Explaining Machine Learning Decisions," *Philosophy of Science* 89, no. 1 (2022): 1-19. 作者也受邀上科技管理知識 YouTuber － Bernard Marr 的網路節目，討論這本書的內容，請參：https://www.youtube.com/watch?v=DKy6cEP6Kgw。

不顧！

　　另外，第七章的主題「自主」同樣十分精彩。剛好 2022 年 11 月一個源自美國舊金山的 OpenAI 團隊，公開了一個讓業界震驚的 ChatGPT 聊天機器人。我們如果向這個聊天機器人詢問「**AI 對專業判斷的偏差影響可能包括？**」在不到一分鐘的時間，我們馬上得到了來自於「它」的如下回覆：

我們問：「AI 對專業判斷的偏差影響可能包括？」

ChatGPT 回答：

1. 誤判：由於 AI 模型的判斷是基於數據訓練而成，如果訓練數據本身存在偏差或者沒有考慮到所有的可能性，那麼 AI 模型的判斷可能會出現誤判。

2. 欠缺專業經驗：AI 模型可能無法理解專業領域中的某些知識或經驗，因此無法對複雜的問題做出準確的判斷。

3. 缺乏人性化的考慮：AI 模型無法理解人的感受和情感，因此可能會忽略人性化的因素。

4. 無法對異常情況做出判斷：AI 模型是基於數據訓練而成，如果出現異常情況，可能會無法做出合理的判斷。

總的來說，AI 對專業判斷的偏差影響可能會導致專業人員的判斷被忽略或被排除，甚至可能會導致錯誤的決策。因此，在使用 AI 模型作為決策工具時，應該注意控制偏差的影響，並建立合理的決策流程，以確保決策的正確性和可靠性。

　　上述這段文字，雖然簡短地表達了目前社會普遍對 AI 可能對人類自主判斷的顧慮。姑且不論 AI 撰寫的內容是否有憑有據，或是從值得信賴的科學研究而來，光是能如此快速地以流暢中文書寫論說文體，歸納且解釋原因，就令人驚豔此聊天 AI 機器人的能力，但這也讓此書作者對於 AI 可能帶來的自主威脅更顯重要。我們很喜歡書中引用美國開國元老湯瑪士・傑佛遜（Thomas Jefferson）（雖然歷史

學家認為很可能不是）曾說過的一句話「**自由的代價，是永遠保持警覺**」（Eternal vigilance is the price of liberty.）。AI 技術或許具備讓人類能力得以解放的革命性能力，但真正的自由來自所有人謹小慎微，樂觀看待 AI 的潛能卻也體認人類無法預知未來的限制，謹慎開發與使用這項技術。

最後，身為公共行政與政策學者，我們自然好奇 AI 與機器學習演算法將對政府治理產生什麼新興價值以及創新翻轉。與此同時，當 AI 進入政府，勢必對我國政府的工作內容、管理方式、決策作為以及服務內涵等面向帶來決定性的變革。從第一章開始到第十章結束，我們從整本書的調性中看見了因為 AI 的發展無法阻擋下，一個真實的未來世界；我們在努力維繫人類尊嚴與自由的大前提下，要從 AI 發展的「公共性」來設想相關的變革作為，作者著眼「**透明**」、「**責任與法律責任**」、「**控制**」、「**演算法在政府機關的運用**」、「**就業**」以及「**監管**」等議題，就代表其高密度的公共性意識；作為一本寫給公民的書，作者藉由科普的語言將 AI 的內涵、機會與隱憂介紹給普羅大眾，也不忘對多元的對象，提出能夠避免風險擴大與危機發生，不僅是政府與制定法規的當局、也包括期待你與我在讀後，能成為更加理解 AI 的新時代公民。

就像電影《銀翼殺手》中一直自認是人類的公司女秘書瑞秋（Rachael），發現自己是更高階生化機器人之後，無法置身事外於人類與生化機器人之間主控權爭奪的戰爭，「它」語重心長地對生化機器人殺手戴克說：「**我不是這個行業中的參與者而已，我是其核心的利害所在**」（I am not in the business, I am the business.），AI 的發

展之於人類，讓公民們無法只停留在旁觀的角色，本書讓大家有一條提升「**AI 識讀**」的知識覺醒便道，去面對我們每個人都已經是 AI 與人類糾纏發展的當事人這個無法改變的現實！

國立政治大學公共行政學系教授兼臺灣數位治理研究中心研究員

陳敦源

荷蘭萊頓大學政府與全球事務學院助理教授兼國立臺灣大學政治學系副教授

黃心怡

2023 年 2 月 8 日
於臺灣與荷蘭連線共筆

前言

　　這十年來，演算法決策工具前所未見地急遽變得複雜，運用也日益頻繁。舉凡音樂與電視節目的推薦功能、產品廣告、民意調查、醫療診斷、大學招生、求職募才，甚至是金融服務，科技可以應用的範圍十分廣泛。不僅企業迅速投入這個領域，政府也持續將日常作業與演算法決策輔助系統整合。例如，全球許多警政單位利用深度學習工具以達最佳辦事效率，號稱能夠減少人類偏誤。儘管科技不斷推陳出新，熱衷者也樂見新世紀的來臨，外界仍有疑慮。等待醫療保險理賠結果的人，或是尋求保釋或假釋的被告，非得要他們憑白相信機器會做出最佳決定嗎？利用機器決定罪犯的再犯率，結果真的準確無誤，不會受到偏誤影響，操作過程又透明嗎？

　　本書是集結眾人之力釐清演算法新局面的成果，分為 10 大主題，觸及問題包括：什麼是 AI？AI 能夠解釋自己決策的理由嗎？可以讓 AI 負法律責任嗎？AI 有主體性嗎？人類該在哪些方面保有對 AI 系統的控制，控制又是否應視決策屬性而定？既然資料（data）分享比起十年前更容易且普遍，是否該重新檢討隱私法律？該如何因應民眾可能被政治廣告投放操縱？政府運用決策工具是否有別於業界的運用型態？就此而言，國家是否應該對公民負擔特殊義務？規範 Facebook、Google 與 Apple 等大企業的最佳做法是什麼？管制是答案嗎？要什麼樣子的管制？

　　讀者或許會覺得本書作者陣容頗不尋常。簡單來說，雖然希望能夠由頂尖專家撰寫自己擅長的主題，卻不希望變成普通合輯著作

一般，充斥厚重章節，風格不協調。寫一本給大眾看的權威著作固然重要，但內容必須前後連貫，語調一致。故須交由一人撰寫大部分內容，確立基調，復將其餘人士提供的內容按照相同風格整併。這兩件事最好由同一人操刀，此人即是約翰・澤里利，他除了貢獻本書將近一半篇幅內容，也將其餘內容修成文風相符。

我們相信，這個成果會對困惑的公民們有所幫助。

致謝

約翰·澤里利、詹姆士·麥克羅林（James Maclaurin）、柯林·蓋文翰（Colin Gavaghan）、艾利斯特·諾特（Alistair Knott）與裘伊·黎迪寇特（Joy Liddicoat）在此感謝紐西蘭法律基金會於**紐西蘭人工智慧與法律研究專案**中的慷慨襄助。

澤里利除了感謝劍橋大學列沃修摩智慧未來中心在作者寫書過程中的邀訪招待外，也感謝 DeepMind Ethics and Society 的慷慨支持。

第二章局部內容與前言翻印自 John Zerilli, Alistair Knott, James Maclaurin, and Colin Gavaghan, "Transparency in Algorithmic and Human Decision-Making: Is There a Double Standard?" *Philosophy and Technology* (2018)，已獲得 Springer Nature 授權轉載。第五章局部內容翻印轉載自 Springer Nature 同作者之著作：**"Algorithmic Decision-Making and the Control Problem,"** *Minds and Machines* (2019)。

序言

大家到底在嗨什麼？

　　驚人科技成就總是發人深省，讓人覺得謙卑，也感到不凡。總是在在提醒著我們，少了科技，人類會多麼無助；但能夠創造出科技，卻又彰顯人類之強大。

　　有時，人人看好的科技產品，不久便消失無蹤，遭到世人淡忘（現在有誰還在使用黑莓機？）；有時，則恰好相反，巧妙的發明最初並不起眼，卻禁得起考驗。二十世紀時，未來學家 H · G · 威爾斯（H. G. Wells）與英國皇家海軍不認為潛艦有何了不起之處，[1] 如今匿蹤潛艦卻是海軍作戰行動不可或缺的配備。近一世紀以前，查爾斯 · 巴貝奇（Charles Babbage）設計的分析機（Analytical Engine）被視為古怪之作，事後卻證明有遠見。分析機堪稱世界第一個可程式化的通用電腦。厲害的是，今天每臺標準桌上型電腦會用到的馮紐曼架構（von Neumann architecture），包括獨立記憶體、中央處理器、迴圈與條件分支等，巴貝奇都已早一步想到。

　　一項發明發表之初，往往會被大肆宣揚，這也合理，畢竟最後有可能證實宣揚是對的。宣揚在科技圈稀鬆平常，因為新科技本來就會讓人想要宣揚，難就難在要不動聲色，仔細挑出真正值得宣揚的對象。

　　如果人類真的深諳此道，則回答人類歷史與命運等深刻問題，將

會更容易。例如，歷史上「新現實」是在哪一刻塵埃落定？何時能夠清楚看出，事情已無轉圜餘地，未來會變得有所不同？某種程度上，答案會取決於你相信哪一派歷史理論。是相信數百年來的歷史屬於平順且連續的敘事，途中任何一點都大致可以預料未來三到十年會發生的事呢？還是相信歷史是由各種中斷、間歇、崎嶇與前所未料的可能性所組成？假設歷史是平順的——即使不全然可被預料，但也不會出人意表——則要抓出重大歷史時刻就比較困難，因為人們很可能無法察覺。一場新元首的選舉可能和以往每場選舉並無二致，無法當下知道它是重大時刻。根據這派理論，歷史大致上會是平順的，劃時代事件恐怕猶如平凡熟悉事件來來去去，難以辨認。但如果相信的是「顛簸」的歷史理論，應該就比較容易找出分水嶺時刻，因為按照這派理論，隨時都會出現分水嶺，歷史前進方向永遠出乎意料，喜歡左彎右拐。

　　真相也許介於兩者之間。歷史總是讓人在氣結與感恩之中充滿了驚奇與平淡。儘管歷史上出現過意外曲折，但民眾偶爾還是會在股市賺大錢。沒有一件過去的事是完全料想不到。俗話說：「太陽底下無新鮮事。」這句話的意思是，感情關係也好，股市也好，地球上發生的歷史也好，大家都無法篤定說，**這次事情會不一樣，從現在起事情會不同於以往**。哪些事情是重大，哪些乏善可陳，哪些會躍居主流，哪些會遭到淡忘，誰也說不準。馬克思與恩格斯（Marx and Engel）合寫的《共產黨宣言》、朱爾・凡爾納（Jules Verne）的《海底兩萬里》與艾文・托夫勒（Alvin Toffler）的《未來的衝擊》（*Future Shock*），這三本書可能會讓你感到詫異，現代世界某些面向竟然離

奇地符合作者「預測」。但他們也常誤判未來，且誤判得令人捧腹。像是 1982 年上映的電影《銀翼殺手》，便提到 2019 年會有飛天汽車、外星人殖民，還有……（瞧瞧什麼來著……）**桌上型風扇！**

然而，每當平順有序且符合預期的時間洪流出現裂痕時，人們又會對未來產生種種疑問。正因為科技會被宣揚，一有新進展便會引起關注，迫使人們去思考各種撩人的可能性。每個重大新科技都暗地指向一個問題：這會是下一個顛覆遊戲規則的偉大發明嗎？

這就是本書要思索的課題。過去七年來被大肆宣揚的 AI，真的會顛覆遊戲規則嗎？如何顛覆？會往**好的**方面顛覆嗎？放到 AI 情境下，這些問題格外不易回答。一方面，傑米・蘇士金（Jamie Susskind）說過：「還沒有辦法放心交給機器人理頭髮。」[2] 但另一方面，理察・蘇士金（Richard Susskind）與丹尼爾・蘇士金（Daniel Susskind）卻也提到，美國已有外科醫師團隊透過遠端切除人在法國的女性膽囊！[3]

另一個重要問題是，AI 會對身為公民的我們帶來什麼影響？身為公民必須了解這個科技到什麼程度？AI 究竟會如何影響顧客、房客、想購屋的屋主、學生、教職人員、病患、客戶、囚犯、少數族裔與性少數，以及自由民主國家中的選民？

人類與機器的對比

首先必須了解 AI 是什麼？它是一種學門，也是一種科技。第一章會深入闡述，但在這之前先大致說明 AI 希望達成的目標與其進

展，會有利於讀者理解。

　　AI 有許多類型，近年最廣為宣揚的是「機器學習」（machine learning），機器學習演算法最普遍的應用是預測。比方說，如果要準確預測一個人未來的行動或行為──像是法官判斷定罪的刑事犯是否會再犯；銀行經理判斷貸款民眾是否還得起貸款──便很有可能會運用到電腦演算法。事實上，自由民主國家規定在行使各種強制力之前，**必須進行風險評估**。[4] 不僅刑事司法規定如此，公共衛生、教育與社會福利等領域亦然。什麼才是最佳的評估方式？方法之一，也是長久以來**唯一**的方式，是倚賴「專業」或「臨床」判斷，由特定領域經驗豐富的人士（法官、心理學家或外科醫生）對未來最可能發生的結果做出最佳猜測。（罪犯會再犯嗎？病患復發機率有多大？）專業判斷基本上是一種訓練有素的直覺。另一種方法則較正式、結構化且有條不紊，通常必須倚賴統計知識。以社會福利決策為例，一種最簡便的統計方法，就是去調查請領過失業津貼的民眾，詢問他們花多久時間才找到工作。決策者再透過調查結果修正福利依賴的估計平均值，做出相稱的福利決策。然而問題就在這裡，有些人雖然累積多年臨床經驗，直覺準確，研究卻指出直覺預測法的整體表現不如統計（或統計相關）預測法。[5] 時髦的下一世代機器學習演算法於是登場。惟須留意，機器學習不全然是新興應用，時下媒體大肆報導的預測風險技術，其實 1990 年代末期已在使用，其前身可回溯數十年前、甚至數百年前，這一點留待後續說明。差別只在於，這二十年來電腦運算速度與威力有長足進步，資料（或譯為數據）（data）也爆量增長（「大數據」一詞其來有自！）。

相較於倚賴人類經驗的直覺，演算法與統計有太多值得一提的表現差異。讀者只須知道，在特定情況下，人類直覺確實比演算法厲害，[6]惟整體而言，透過演算法可以讓許多常態性預測工作變得比倚賴人類直覺更準確，且更不容易受到特殊人為扭曲，因此更公平。這就是 AI 與先進機器學習的願景。

再看此科技的另一種應用。誠如其名，對象分類（object classification）旨在將某物的實例（instance）歸入某一事物類別。當你在分辨遠方四條腿毛茸茸的動物是貓或是狗，便是在將眼前這隻貓歸入**貓**的類別，而非**狗**的類別，也不是歸入**車子**或**直升機**的類別。人類在正常情況下分類事物時，能夠做得非常迅速、輕鬆準確，而且**優雅**。在認知科學家與資訊科學家眼中，人類在從事對象分類時具有「優雅降格」（graceful degradation）的特性，即使分類錯誤，結果也會和真正對象相去不遠。例如，人在能見度很差的時候可能會誤認母牛為馬，或誤認曳引機為越野車。但只要腦袋清楚，不太可能會誤認馬為飛機，也不會誤認越野車為人。人的猜測大致上都是合理的。

機器學習在分類對象時的表現如何？有好有壞。人類誤判與機器誤判的對比值得玩味。假設讀者誤判狗（比方說，一隻哈士奇）為狼（不曉得哈士奇長什麼樣子的人，容易誤判）。是什麼原因造成你分類錯誤？你應該會從牠的眼睛、耳朵和鼻子判斷出「對，這是一隻狼」。意外的是，AI 不盡然會透過這種合理的分類錯誤思路得出相同結論。AI 更會去注意**背景圖像形狀**，也就是剔除哈士奇的臉之後殘存的圖像。如果背景雪很多，可能會判定是狼。如果沒有雪，可能會判定不是狼。[7]讀者可能會覺得這種犬科動物分類方法很奇怪，

但對於在訓練過程中看過上千張狼圖片背景有雪、哈士奇圖片背景沒有雪的 AI 來說，並不奇怪。

如果以這種根據是否有雪來判斷犬隻是哈士奇或狼的分類科技，來預測一個人是否符合失業救濟金請領資格，或者有再犯風險時，問題可就大了，而且問題不只一個。

問題之一是統計學家口中的「選擇」偏誤或「抽樣」偏誤。前述分類演算法（classifier）之所以存在偏誤，是因爲用來訓練的圖像樣本有太多是雪地裡的狼。狼要更多樣化，才是比較好的訓練樣本！因此以白人男性爲訓練樣本的人臉辨識系統，會很難認得黑人或亞洲女性臉孔。[8] 第三章會談偏誤。

另一個問題是，探討 AI「決策」的原因往往不易，人們不見得能夠知道分類演算法關注的是對象周圍的雪，而非關注對象本身。第二章會談演算法的「透明度」與「可解釋性」。

另一個課題是傷害責任與潛在**法律責任**。假如前述分類演算法是安裝在無人車上呢？假如車子把孩童看成一棵樹撞上去，要怪誰？車輛機器學習系統可能懂得自己分類對象，不必靠任何人甚至是開發業者以程式**如實**指示。當然，開發業者不應該因此開脫責任。按理而言，訓練機器用的資料應該要由業者精選，最好確保資料有納入孩童與樹木等重要類別。意即，業者會將機器學習系統**導向**特定行爲。但是分類錯誤的責任，**永遠**要算在開發業者的頭上嗎？有沒有可能到某個地步，可以合理要求**演算法**爲自己造成的傷害負責，或者承擔法律責任呢？第四章會深入討論。

下一個課題是控制。法官時間有限且積案如山，有大量保釋案

件等待審理，若他爲了省時，便將機器學習工具提供的「客觀」且統計上「準確」的建議照單全收，會發生什麼事？法官會不會陷入危險境地，不顧合理懷疑即不假思索服從機器的建議？即使系統表現經常優於偶然性甚至是人類，終究不是十全十美。前面已經看到，系統確實會出錯，而且出錯的方式與原因都很奇怪。第五章會討論控制的問題。

　　資料隱私也是一個問題（很大的問題！），訓練用的資料從哪裡取得？從誰的身上取得？對方是否同意個人資料可以用來訓練私有演算法？2020 年的新冠肺炎疫情突顯這些問題。本書出版之際，各國政府考慮（或已經）透過手機資料掌握民眾行蹤，調查接觸史，藉以落實各種生物監視措施。雖然這是危機管理的良藥，但危機結束之後呢？經驗告訴我們，維安監視措施在需要時刻可以立即大量且有效率實施（如美國在九一一恐攻之後的做法），但在不需要的時刻，卻又不會輕易取消，正所謂「監視癖」。這些問題及資料保護相關議題，將在第六章深入探討。

　　最後一個問題──或許也是最重要的──是這種系統長期運用下來，會對人類自主性與主體性產生什麼影響？第七章會探討相關影響，不過值得在此先大致敘述，畢竟可以深思的議題很多，先做釐清未嘗不可。

　　AI 領域近年來關心的一個問題，就是日趨複雜的 AI 會對人類尊嚴造成何種影響。「人類尊嚴」雖然難以定義，但大致上指的是人類生命的**價值**。也就是說，先進 AI 系統是否會貶低人類生命的價值。既然有一天機器可能會自我繁殖，甚至超越人類以聰明才智創造出的

獨特成果，難免令人思忖人類生命不再特殊。該如何看待這種顧慮？

　　由對象分類演算法的例子可以知道，機器學習工具再複雜，也不會如人類般「思考」。即使機器能夠以不同方式做人類能夠**做**的事，但就人類**如何**做事情的層面來看，機器比不上人類。未來雖然可能會有變化，但以目前科技而言，這個境界仍很遙遠，有此顧慮者應該可以放心。

　　但這樣就夠了嗎？讀者可能會認為，反正人類自豪做得到的事情，機器也能做到，還須在意機器是以什麼方法辦到的嗎？畢竟就像捕鼠器，重點不在於捕鼠器**如何**捕老鼠，而在於捕鼠器**會**捕老鼠，不是嗎？飛機翱翔的姿態雖然不如老鷹般華麗優雅，但這重要嗎？難道要飛機飛得像鴿子眼中的鴿子，才能認定飛機會「飛」嗎？[9]不用吧。既然如此，即使 AI 是透過不同方式達成或超越人類自豪的成就（如同飛機不需羽毛也可以像禽類般飛翔），會有損於人類尊嚴嗎？

　　作者們卻不這麼認為。人類的運算能力雖然幾十年來比不上小小的計算機，但沒有人會因此質疑人類生命的價值。即使機器學習系統在區分對象的表現比人類更可靠（甚至包括從遠距離區分），何以會因此減損人類生命的價值？不會因為飛機會飛，就要瞧不起鳥類。

　　哲學家盧西安諾·佛羅瑞迪（Luciano Floridi）說過，歷史上曾經多次出現人類尊嚴恐被減損的顧慮。哥白尼（Nicolaus Copernicus）、達爾文（Charles Darwin）、佛洛伊德（Sigmund Freud）及圖靈（Alan Turing）以各自方式使人類遠離幻想的宇宙中心，撼動長期位居主流的「人類中心」自然觀。[10]哥白尼讓人類曉得自己不是宇宙的中心。達爾文讓人類曉得自己不是生物圈的中心。

佛洛伊德讓人類曉得自己不是心理圈或「理智空間」的中心（意即，人類的行動可以出自未知且內省晦澀的動機）。圖靈讓人類曉得自己不是資訊圈的中心。接二連三的震撼讓人難以承受，前面兩者尤其遭到激烈排斥（第二個至今依然如此）。這些啟示儘管令人害怕，人類尊嚴的概念並未因此動搖。如果人類尊嚴指的是「中心」，固然可以認為這些事件會危及人類尊嚴，然而尊嚴與中心是兩回事。一個引人注目或仰慕的對象不須位於一幅畫的中央，也能引人注目或仰慕。

　　即使機器會勝過人類，還有一個理由可以說明何以它在可預見的未來不會影響人類尊嚴：因為目前主要的 AI 都屬於**專門領域**。不論是擊敗西洋棋王的 AI，用來撮合股票交易的 AI，這些近年來為人津津樂道的驚人成就，都侷限在狹隘領域（棋法、股票交易等）。人類智慧則不同，是屬於**通用領域**。人類除了會下棋，也會打網球、唱歌或烤派餅。多數人都能夠隨心所欲做這些事情。不少 AI 研究者的終極目標，就是解開通用領域之謎。有這麼多發散需求必須從事，人類身心為何能夠適應良好，游刃有餘？人類覺得困難的事，對電腦而言輕而易舉（試著立刻計算 $5,749,987 \times 9,220,866$），但人類覺得輕而易舉的事，電腦卻很難做到（像是轉動門把、從盒子倒出玉米片）。電腦也很難從事自然且不八股的對話。一個人請室友回家路上順便拎些牛奶，聽了這句話，室友就知道該去轉角商店買牛奶，然後帶回家。但電腦則須特別以程式指令，才**不會**以字面意義（簡單演算法）解讀上述指示，要它在目前所在位置與住家位置中間找到牛奶，找到之後將牛奶拎起，再將牛奶放回初始位置。要做到第一種解讀（顯然才合乎理智），靠的是細膩融會語言與脈絡提示，這一點多數時候對

人類輕而易舉（語言學家稱之為溝通「語用學」），但機器要做到這件事很困難。語法對機器並不難，難的是溝通的語用（pragmatic）面向（電腦語言學家正在積極研究語用學）。

　　意識也是相同道理。至今沒有一個 AI 有意識，也沒有人知道空洞物質過程是如何、或者為何會產生意識經驗。一團蛋白質、鹽分與水如何創造出內在生命與內在「觀點」？感性這件事非得要伴隨物質不可嗎？人類為何不能讓自己內心空洞，宛如殭屍一般？這方面有許多理論解釋，但意識的真正特性依舊難以捉摸。綜觀所有主打機器人有意識、最讓人害怕成真的科學虛構電影，最成功的例子是 2015年《人造意識》（*Ex Machina*）這部電影中奈森・貝特曼（Nathan Bateman）創造的「艾娃」（Ava）。

　　因此，即使 AI 再複雜，只要停留在專門領域與無意識系統，便不須擔心人類尊嚴的問題。這不表示就**其他**角度 —— 非指會在西洋棋賽局大勝人類的 AI —— 而言專門領域系統也是無害且不會危害人類尊嚴。最危險的例子，顯然是致命自主武器。會蒐集資料與從事監控的新軟體，也是對隱私與人權的一大挑戰。專門領域科技也可能讓人對人類改觀。Google DeepMind 的 AlphaGo 大敗人類圍棋棋王，即是一例。就像序言一開始提到的，這些系統讓人自豪又謙遜。總之，不會因為機器趕上或超越人類成就，便會損害人類尊嚴。

AI 理性嗎？

　　AI 還有一些議題並未提到，也不會在本書探討。在此僅挑選最

有意思的議題。另一個要在此扼要說明的議題，是機器學習的**理性**。許多機器學習技術旨在從資料中找出光靠人類難以察覺的關係，即**相關性**（correlations）。相關性雖然是正當知識，但大家在高中都學過，**有相關不代表有因果關係**。兩個時鐘即使每天同時指向 12 點，並不代表其中一個指向 12 點會導致另一個跟著如此。然而，在相關性可靠的情況下——術語是「統計顯著」——即使缺乏因果關係，洞見依舊有用。例如，我們可能會發現做重訓的人在營養攝取上有特定偏好，肉類與奶製品吃得比做有氧運動的人多。此時，即使運動型態與攝取的食物種類兩者缺乏確切因果關係，健身房業者還是可以合理利用這種洞見，決定要在健身月刊放哪些食譜。做重訓的人也許會偏好攝取植物性蛋白，但以人口統計資料來看，攝取動物性蛋白可能比較容易。

　　讀者也許納悶：萬一相關性很可靠，但結果卻很奇怪怎麼辦？萬一演算法發現鞋子尺寸比較小的人會吃特定一款早餐玉米片，或是某種髮色的人比其他人更暴力？這固然可能是因為資料品質欠佳，或者缺乏夠多資料提供訓練，使得關係純屬偶然。惟撇開這幾點不論——畢竟確實可能是訓練上出現統計學家與資料科學家熟悉的錯誤，才導致機器學習系統發現這種怪異相關性——但重點在於，所謂相關性在「統計上顯著」，指的就是已經納入這種可能性，理論上也不會出現這種可能性。

　　不要以為這些例子很異想天開，非監督式機器學習（unsupervised machine learning）（見第一章）的好處之一，就是能夠發現人類從未想過的相關性。但英國法律規定，公職人員若以這類明顯虛假的相關

性為決策依據，該決定將被撤銷。以下格林法官（Lord Greene）的一番話，英國與國協地區律師皆耳熟能詳。他指出，官員

不得考慮與主旨無關之事項。……同理，事情確實可能會荒謬到凡是有理智的人壓根從未想過主管機關竟然有此權限。華靈頓·LJ……舉過一個例子，有女教師因紅髮遭到解僱……如此不合理的決定，幾可認定屬於惡意。【11】

惟作者們認為，隨著公共與私領域的決策過程日漸採納機器學習，**這一類相關性案例**有可能會層出不窮，出現站不住腳、缺乏邏輯、甚至出於惡意的決策。但在此必須澄清，作者們不是認為這一類相關性無從解釋，也認為多數情況下會有合理解釋，只是如果合理解釋尚不可得，或者解釋仍然**違背**常理判斷，又該怎麼辦？假設演算法發現喜歡茴香的人比較容易欠錢不還，可以因此不貸款給喜歡茴香的人嗎？反歧視法沒有將「喜歡茴香」規定為不得歧視的要項屬性，這一點作者們最近已經確認，但**應不應該**納入規定？僅因一個人喜歡茴香，便不貸款給他，**看起來**就是歧視：「喜歡茴香」的特性也許是基因決定，這種特性**似乎**與還不還貸款沒有關聯。但假如有關聯呢？

由此可見，機器學習會對既有思維模式構成全新挑戰。

公民與權力的抗衡

既然這個世紀要面對的最大 AI 挑戰，不在於機器人會崛起成

為有意識的物種，作者們的書寫任務便要設定在政治範疇而非技術範疇，技術內容的介紹僅止於有助於理解政治議題的程度（見第一章）。

　　本書是一本帶有政治味兒的書，必須對診斷的問題提供建言，否則用處不大。相關建言散見各章，惟第十章會探討各種管制可能。美國未來學者托夫勒曾於 1970 年撰文指出，人類需要科技監察員，「由該政府機關受理科技應用失當之相關陳情、調查與因應」。[12] 說穿了，即是呼籲「要有一臺專門審查機器的機器」。[13] 1970 年鉅變之音尚微，僅敏銳者可聞（如托夫勒）。如今管制——或多重管制——不僅迫切，甚至來得太遲。社群媒體環境失控，使公共論述充斥惡毒謾罵，時代委靡不振，反動政治興盛，惡名昭彰的觀點獲得張揚，派系聲音擴大，原始虛無主義瀰漫。今後必須比 1970 年更加勇敢思考。新冠肺炎疫情赤裸裸地顯示，某些挑戰可能需要採取激烈干預手段，致使國家與公民的關係全然改觀。

目錄 | Contents

第**1**章

什麼是人工智慧？

　　從現代角度來看，人工智慧（AI）是電腦科學的一個特殊領域。然而在過去，AI 與電腦科學並非涇渭分明，電腦科學發展史幾乎也是 AI 發展史。艾倫‧圖靈於 1936 年發明通用電腦時（而且是在紙上！），當時便是在思考如何讓電腦模仿人類的才智，從事數學運算。圖靈更曾率先推測這種計算用途的電腦，可以用於複製人類整體智慧。從這個角度來看，電腦科學之父也是 AI 之父。其他電腦開創先鋒也曾經從擬人的角度構思會運算的機器，像是約翰‧馮紐曼（John von Neumann）寫於 1945 年的那篇奠定今日電腦架構基礎的論文，便以心理學「記憶」一詞，借指電腦儲存單位。

　　某種意義上，電腦仍然可以在一般運作層面展現「智慧」，藉由簡單邏輯運算的串接組合，達成種種非凡壯觀的任務。惟如今 AI 已明確屬於電腦科學的一門子領域。隨著 AI 與電腦雙雙演進，AI 變得更專注於人類擅長的作業。有個知名定義是這麼界定 AI，AI 是讓電腦做出**人類般**聰明行為的一門科學。[1]當然，要做到並不容易。序言提過，許多人類感到困難的作業，電腦表現十分卓越，像是瞬間解開複雜數學方程式；人類覺得輕而易舉的作業，電腦卻表現一塌糊塗，如行走、開門、對談等。

　　以人類為導向的 AI 定義沒問題，但需要稍做更新。現代許多重要的 AI 應用確實是在複製人類能力，如語言、感知、思考與運動控制。就此角度而言，AI 是將電腦打造成「人類模樣」。但如今 AI 系統也會用在更晦澀的領域，從事規模或速度人類遠比不上的作業，像是用在交易極度頻繁的股市、網路搜尋引擎與社群媒體網站營運。事實上，可以將現代工業規模的 AI 系統想成是能力次於人類，卻又超過人類的混合體。

　　當然，AI 絕非以上幾句歷史可以道盡，但起碼讓你有個概念，

同時確立本書方向。本書將著重於目前最具影響力的 AI 途徑，名爲「機器學習」。機器學習之所以是一種「途徑」，是因爲機器學習不涉及具體作業或應用。機器學習是用來解決各種 AI 難題的方法。例如，自然語言處理、語音辨識與電腦視覺的實踐，都是透過機器學習這種通用 AI 途徑爲之。

　　既然稱爲機器學習，便是指利用電腦的力量與龐大資料（拜網路之賜），讓電腦自行學習。一般情況所指的學習，是從資料中發現規律。除非遇到特殊情況，否則後續談到的 AI，指的就是機器學習。

　　本章接下來鋪陳時運用的概念，也許讀者從高中學過代數之後就未曾接觸，有些甚至完全陌生，像是數學「函數」、「參數」與「變項」。日常生活中雖然也會用到這些詞彙，但在數學與電腦科學上，這些是有特定意義的術語，也是本書採納的定義，後續會盡量扼要解釋，如果讀者覺得還是不懂，請別氣餒，只需知道梗概即可。若覺得內容太過數學且無趣，可以跳過本章，直接閱讀其他章節。遇到無法完全掌握的內容，表示那一部分內容不太重要。畢竟這是一本以政治爲主，而非技術導向的書籍。

　　本書各章獨立，讀者可以從任何一處開始閱讀，不須先讀過其他章節。作者們只會在建議一併參考其他章節時，向後（或向前）引用相關內容。

機器學習與預測

　　本書聚焦的機器學習科技，稱爲「預測模型」（predictive models）。雖然並未涵蓋所有機器學習模型，卻包含目前在業界與政府掀起巨浪的「AI 革命」科技。重要的是，也涵蓋數十年來業界

與政府採納的各種系統。AI 往往被媒體形容是初亮相，突然間在最近開始影響公眾生活。但本篇 AI 導言想強調的是，目前影響公眾生活的 AI 模型，其實是政府與民間長久以來使用的統計方法的**延續發展**。政府與企業界很早就開始運用統計模型，這些統計模型也和目前日漸普遍的 AI 預測模型有許多相似之處。著重探討預測模型，將能夠讓讀者了解雷同之處。

　　預測模型的另一個重點是，政府採用的 AI 模型在技術上與現代商用版本幾無差異。例如，財政部查緝逃稅或法務部評估被告再犯風險所使用的模型，其實和 Amazon 用來推薦讀者感興趣的書目，以及 Google 用來決定用戶會看到什麼廣告的模型並無二致。本書最後會探討如何管制政府與企業界的 AI 技術，但要記住，兩者要被檢視的技術方法大致是相同的。雖然政府和企業制度的社會功能截然不同，使得 AI 模型的運用管制不盡然相同，然而要管制的模型**對象**基本上是一樣的。

預測模型基本功

　　首先扼要定義預測模型。預測模型是根據一個或多個**已知變項**去預測某個**未知變項**之值的數學程式。世界上凡是可以被測量的事物，都可以是「變項」。例如，預測模型可以根據人的身高預測體重。好處在於，如果手邊只有身高資料，沒有體重資料，卻又**想要**知道體重，便可藉此做出預測。

　　預測模型不一定是預測未來事情的發生，未知變項可以是發生在當下，甚至是過去。重點是要用**猜的**，因為無法直接測量變項（用「猜」這個字比用「預測」更能夠準確傳達這裡的意思）。故預測模

型是根據一組**輸入變項**猜測**結果變項**的工具。

　　製作預測模型的關鍵要素，在於要有**訓練用途個案群**（training set of cases），個案也必須是結果變項及輸入變項皆已知。以前述例子來說，訓練用途個案群是指樣本族群的身高與體重。人類身高與體重（大致）具有關聯性，訓練用途個案群的資訊則透露這種關聯性。預測模型會藉由資訊算出體重與身高關聯性的一般性假設，以便在給定身高條件的情況下，依據假設猜出體重。訓練用途個案群在本質上是已知個案詳情的資料庫，資料庫愈大，結果變項可以知道的資訊就愈多。因此，「預測模型」也可以理解為以某種訓練過程訓練資料的產物。

預測模型簡史

　　人類利用數學方法由已知事實猜出未知變項，已有數百年歷史。最初重要應用領域是保險業，1688 年以評估航運風險起家的勞氏船級社（Lloyd's Register），為早期知名例子。[2] 預測模型的出現則稍晚，1762 年成立的公平人壽保險公司（Equitable Life Insurance Company），是第一家有系統地運用資料進行預測的機構。[3]

　　約莫在同一時間，也首次出現政府機關運用預測模型。1740 年代，德國統計學家約翰・蘇斯密爾希（Johann Süssmilch）曾以教會檔案資料設計數學模型，有系統地根據各地土地數量預測結婚年齡與結婚率（繼而推算出生率）。[4] 政府自古以來維護資料庫，裡頭存放公民資料，目的主要是為了課稅。隨著預測模型科學的進步，這些資料庫被用於其他施政用途，特別是財政規劃。英國政府在 1830 年

代聘用第一個官方精算師，負責處理海軍退休金，替政府節約折合今日數千萬英鎊支出。[5]當時政府便是採用與企業相同的預測模型，爾後依舊如此。

以前建立預測模型需依賴手工，要按照手寫帳本上的資料進行計算。電腦則有兩種好處，可以儲存大量資料，又能夠自動計算。如今，預測模型的執行，往往是藉由電腦程式根據存放在電腦記憶體內的資料庫進行運算。

電腦剛出現時，由於所費不貲，只有政府與大企業會採用。電腦預測模型也幾乎在同一時間萌芽。例如，美國政府曾於1940年代以電腦預測飛彈軌跡，[6]在1950年代用來預測天氣，[7]在1960年代用來預測軍方人員是否適合出任務。[8]企業方面，專門從事信用風險預測的美國公司費埃哲（FICO），曾在1958年推出第一套風險評分電腦模型。

以下介紹現代AI預測系統，會先從較為古老的統計預測模型談起，復說明AI模型如何從這些模型進一步延伸（以及差異何在）。

精算表

公平人壽保險公司對於保險業的嶄新貢獻，在於藉由一張表說明各個年齡層的死亡機率（根據當時現有的死亡統計）與相對保費，名為「精算表」。這種可敬的保險業做法符合本書定義的預測模型，「年齡」為輸入變項，「死亡機率」為結果變項，表上死亡統計數據皆為訓練資料（training data）。精算表創新之處，在於**有系統地**從固定範圍內各個可能的輸入變項，對應到結果變項。

隨著精算科學演進，精算表變得更為複雜，考量的因素也不再僅

限年齡，以便獲得更正確的預測結果與保費計算。除了預測模型更複雜之外，輸入變項也變多。

預測模型的幾何途徑

　　精算表的缺點是以離散類別處理年齡，分開計算各個年齡的機率，並不考慮彼此的關係。然而年齡會持續變化，死亡機率作為年齡的**函數**則會隨之平順變化。函數是輸入變項與輸出變項之間的特殊關係，特殊之處在於輸出值**倚賴**輸入值，且可由輸入值**決定**輸出值。以前面例子來說，身高與體重便存在這種特殊關係，人的體重「值」——也就是有多重——（某種程度上）倚賴身高有多高，身高也可以決定體重有多重。人愈高，則體重愈重。現實世界讓科學家感興趣的許多變項都存在這種關係。以術語來說，即函數是由這些變數之間的關係所**設定**。還記得高中學過可以在圖面上將這些關係繪製成曲線（有名的 XY 座標圖）嗎？換言之，可以將函數視為不同形狀的**幾何**曲線。

　　其實也可以將**機率**想成幾何概念。例如，可以將數學函數設定成把 X 軸代表的「年齡」變項對應到 Y 軸代表的死亡機率，如圖 1.1。率先提出這個概念的是十九世紀的班傑明・岡柏茲（Benjamin Gompertz），他發現可以利用簡單數學函數正確建立死亡機率模型。重點在於函數是**連續性**，沒有斷點。從圖 1.1 任何年齡都可以得出相對應的死亡機率，想精確到 7.78955 歲，理論上也是可行的。這一點，精算表卻很難做到，因為歲數一旦想表達到小數點後千分位或萬分位時，年齡的增量很快會變得難以操作。

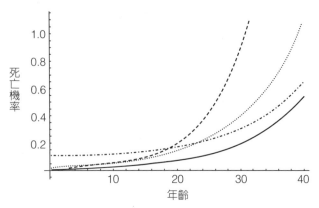

圖 1.1　岡柏茲曲線範例：年齡對應到死亡機率的數學函數

　　留意圖 1.1 有數條曲線，岡柏茲的函數如同許多數學函數，有不同**參數**可以調整。圖中四條曲線都是相同函數，差別只在參數不同。還記得高中學過，相同的 $y = 2x^2$ 函數若將 x^2 前方的 2 改成 4，曲線會變得不同。2 和 4 便是「參數」。不論參數怎麼變，函數仍然不變，都是 $y = ax^2$（函數不會因為 a 是什麼值而改變）。改以這種幾何途徑進行預測時，便不像是製作精算表那般，要依據訓練資料估算出許多不同機率，而是要利用資料找出最「貼近」資料的函數參數。若要以「可參數化」函數建立死亡機率的模型，可以藉由訓練資料找出能夠讓函數最貼近已知死亡機率值的參數值。當然，在這之前得先擇定適合建立資料模型的可參數化函數，擇定之後便可透過各種自動化過程找出最契合資料的參數。按照這種典範來看，預測模型不過是有特定參數值的數學函數。

　　十九世紀首次出現的**迴歸法**（regression），則是從訓練資料找出相對應函數的一種重要方法。

迴歸法

　　以前面提到「大致互有關聯」的身高與體重例子為例，為了量化兩者的關係，可以去蒐集一系列已知的身高－體重資料，當作身高體重關聯模型的「訓練資料」，範例如圖 1.2 所示，並在平面圖上以黑點呈現資料，其中 X 軸代表身高，Y 軸代表體重。

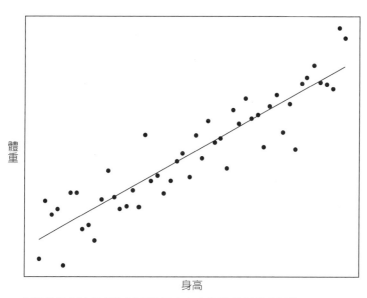

圖 1.2　以線性迴歸法從各資料黑點得出身高與體重之關聯函數

　　在圖上以圓點呈現訓練資料，可以「得出」一個**可窮盡所有身高對應體重組合的數學函數**，如圖 1.2 黑線所示。（這些訓練黑點含有「雜訊」，也就是各種與體重有關卻未被納入模型的因素。）沒有涵蓋在訓練資料的身高，也可以從這條線得知相對應體重，故可用於估算不符合訓練個案模樣者的體重。留意這條線並未穿過許多訓練黑

點。（甚至可以一個都不穿過！）在有雜訊的情況下，能夠做的就是
「最佳猜測」。

　　假設要以直線建立資料模型，從圖 1.2 可見，能夠畫出的直線有
很多，到底哪些才能夠最正確代表這些資料黑點呢？答案是要找到最
「契合」這些訓練黑點的直線函數之參數值，方法之一便是使用線性
迴歸（linear regression），有助於減少直線在概括訓練點時「出錯」
的程度。透過迴歸法從多重訓練黑點找出最貼近函數的參數之後，該
函數便是我們要的一般預測模型，可以用來預測任何給定身高的體重
值。

現代迴歸模型

　　迴歸法是現代建立統計模型的重要方法，但前面提到的基本方
法，可擴增為更多方法。例如，線性迴歸模型的變項可以不限兩個，
假設剛好有三個變項，便能以三維空間呈現眾多資料黑點，而迴歸便
是要找出最契合這些黑點的三維平面。至於契合訓練資料黑點的函數
要多複雜，可以在建立迴歸模型時自行決定。圖 1.2 的函數是直線，
但其實也可以讓函數變成有多重「曲折」的曲線。若是三維或多維的
情況，則會變成多重「丘狀」平面。

　　變項與變項之間的關係若是離散而非連續性，也可以利用迴歸法
建立關係模型。（離散變項的一個例子是擲銅板：只會出現兩種可能
結果，不像身高或體重會有連續多重可能結果。）此時採用的是「羅
吉斯迴歸」（logistic regression）模型，適合用在分類（後續談到決
策樹狀圖時會再多做說明）。有許多種迴歸模型專門用於特定工作項
目，例如政府經常採用的「存活分析」法（survival analysis），是用

在估計要經過多久時間，意圖得知之事才會發生。該方法最初用於藥品試驗，「意圖得知之事」是病患接受某種治療之後的死亡結果。但在其他政府與商業規劃上，這種方法也有不少不錯的用途，可以用來預測不同人群或團體要過多久才會出現某個事件結果。由此再次可見，政府與企業界都會利用相同的迴歸法。

迴歸法不一定只有實務用途，科學家也會利用迴歸法說明某一領域不同變項之間的關係。假設科學家想要說明「身高與體重確實有關」的經驗成果，便可利用迴歸法量化彼此關係的強度。

以下介紹兩種 AI 領域的新興機器學習法：決策樹（decision trees）與神經網路（neural networks）。有別於迴歸模型的重點是放在找出符合資料的數學模型，這兩種方法的重點是放在學習過程。

決策樹

決策樹是相當單純的機器學習法，也常用於建立機器學習模型。此方法可上溯至 1930 年代，卻直到 1980 年代中期才變得熱門。[9]決策樹是一組指示，藉由逐一確認輸入變項之值，猜測結果變項之值。以刑事司法為例，圖 1.3 是決策樹簡化模型，根據的是受刑人獄中表現是否良好，以及犯行是否涉及暴力（兩種簡化輸入變項），來猜測假釋後是否會再犯（結果變項）。

決策樹顯示，不論受刑人原本犯行是否涉及暴力，只要獄中表現不佳，都會再犯。獄中表現良好的人，如果原本犯行涉及暴力，則會再犯，若不涉及暴力則不會再犯。（現實中要考慮的變項會更多，這裡僅做示意用途。）

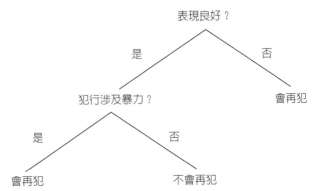

圖 1.3　用來預測受刑人是否會再犯的簡單決策樹

　　決策樹模型的建立重點，在於要從訓練資料**建立能夠讓決策樹表現優秀的演算法**。[*1] 一個典型演算法會由上而下建置決策樹，並於途中各點從訓練資料找出可提供結果變項最充分「資訊」的輸入變項，復於該處增設參照變項的節點。

　　決策樹狀圖的一大好處，是決策流程容易理解；本質上是複雜版的「若 A 則 B」命題句。機器學習在進行重要決策時，可被理解是一項重要特性。然而現代決策樹模型往往會利用多重決策樹狀圖，涵蓋各種決策流程，再取眾多決策結果的總和。目前這方面主流模型是「隨機森林」（random forests）。基於種種原因，這種總和法比較準確。機器學習系統往往（但不一定）無法兼顧可解釋性與預測表現。

　　決策樹狀圖有助於理解「分類演算法」（classifier）的概念，這是一種廣泛應用於機器學習的預測模型，其結果變項可以是多個離散值。離散值代表輸入變項可被歸入的不同類別。決策樹狀圖中的變項

[*1] 例如，圖 1.3 決策樹狀圖背後的演算法倚賴各種類型數據，如：良好行為數據、暴力發作次數等。（備註：原文書中除了有搭配書末註釋的註腳外，還有使用 * 於文中補充資料，故本繁體中文版以 * 表示原文頁下註資料，** 表示審閱者及譯者的補充。）

必須是離散性質，才能便於執行分類演算法。受刑人是否再犯的決策樹狀圖，即屬於一種將受刑人分爲兩類的分類演算法，分別是「會再犯」與「不會再犯」。分類演算法在執行上需使用邏輯演算模型，因爲這種模型是專門設計用來處理離散結果變項。

神經網路

　　模仿人腦運算的神經網路（有時稱爲「連接網路」）機器學習法，首次出現在 1958 年，[10]是法蘭克・羅森布萊特（Frank Rosenblatt）汲取 1940 年代末期唐諾・赫布（Donald Hebb）的神經學習過程概念後所開創。[11]

　　人腦由神經元集合組成，並由突觸（synapses）連結神經元。每個神經元是微小且簡單的處理器。人腦受惠於大量神經元與連結神經元的大量突觸，得以學習複雜表徵，產生複雜行爲。人腦是藉由調整個別突觸的「強度」進行學習，突觸的強度會決定訊息在神經元之間傳遞的效率。人類至今無法確切得知學習過程如何運作，也無法確定人腦如何表徵資訊。儘管人腦解釋模型有不足之處，但神經網路大致是依據這個模型運作。

　　神經網路是由會做簡單運算及激勵程度不一的類神經元單位集合組成。這些單位由突觸般的連結所連接，連結權重可以調整。神經網路有許多類型，用來學習預測模型的網路主要是「前饋網路」（feedforward networks），大致示意如圖 1.4。前饋網路由一組輸入單位、一組輸出單位及一組中介「隱藏單位」構成。其中，輸入單位會編碼訓練項目（測試項目）的輸入變項，輸出單位則會編碼相同項目的結果變項。並透過該過程執行函數，從輸入變項得出結果變項，

道理與迴歸模型相仿。通常會有多「層」隱藏的單位，每一層與前後各層相連。（圖 1.4 的網路有一層隱藏單位。）

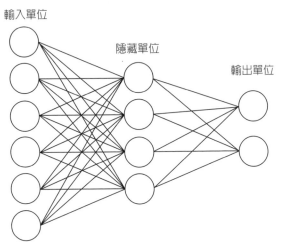

圖 1.4　前饋網路簡化圖

　　舉個簡單例子，圖 1.4 為簡化版圖像分類演算法，要從一張有六個像素的迷你圖像判斷這些像素是代表圖像 A 或圖像 B。每個像素強度會在其中一個輸入單位的活動中進行編碼，輸出單位的活動則會依據某種指定方案將類型編碼。（例如，圖像 A 的編碼可以是設定某一單位活動等於 1，另一單位活動等於 0，而圖像 B 的編碼可以設定成前一單位活動等於 0，後一單位活動等於 1。）

　　前饋網路的學習式演算法有許多不同類型，但基本原則都是「監督式學習」，先將網路內各個連結的權重設為隨機值，接著在連續訓練過程中反覆執行函數，由輸入值得到輸出值。以訓練圖像的分類演算法為例，首先要讓它面對訓練用的輸入資料，隨機猜測自己在「看」什麼。分類演算法難免會出錯，訓練的重點就在於計算誤差

內涵，方法是透過每次猜完之後比較網路**實際輸出**之值與**理應輸出**之值，再微幅調整網路內所有連結之權重，以減少出錯。反覆執行過程多次之後，網路的表現將會隨著調整而逐漸改善。

監督式學習演算法最費心之處在於如何微調權重以減少誤差，這部分在 1986 年總算有大突破。當年，大衛・盧默哈特（David Rumelhart）與加州大學聖地牙哥分校的同事發明（至少發揚光大）一種技巧，稱爲「誤差反向傳播」（error backpropagation）演算法，能夠聰明地調整網路中一個或多個隱藏層的神經元權重。誤差反向傳播演算法一問世，便引起學界對神經網路的研究興趣，但未立即產生實際用處。要一直到 1990 年末與 2000 年初，各種前饋網路創新技術問世之後，反向傳播才突飛猛進。【12】受惠於創新技術與運算能力的大幅提升，新一代「深度神經網路」於是誕生，在 AI 與資料科學界掀起革命。

深度神經網路的最大特色，在於有許多隱藏層（不像圖 1.4 只有一層）。目前許多機器學習領域採取的深度神經網路或有不同，但不論其差異，深度神經網路終究是表現最優異的模型。事實上，機器學習早已歷經典範轉移，多數學者都將重心放在深度神經網路。有幾種開源軟體套件可以支援深度神經網路的執行、訓練與測試（如 Google 的 TensorFlow 及 Facebook 的 PyTorch），套件除了鞏固新典範，相關持續開發也讓典範進步。

儘管有這些好處，深度神經網路的最大缺點，是學習模型過度複雜，人類基本上無法參透背後如何運作。人類可以理解單一決策樹狀圖（甚至一組決策樹狀圖），也能夠理解迴歸模型是如何簡明闡述變項之間的關係，卻絕對不可能理解深度神經網路是如何依據輸入值運算得出輸出值。必須搭配額外的解釋工具，機器學習工具決策的理由

才能爲人所理解。目前在 AI 領域，「解釋工具」的開發方興未艾且十分重要，第二章會再談到。

預測模型測試準則

　　目前尚未談到有哪些方法可以用於測試與衡量演算法的表現，在此僅舉一例。

　　預測型演算法往往會有不同的出錯型態，在運用上也會造成不同影響。以用來辨識特定類別成員的「二進位分類演算法」爲例，在測試時演算法會將受測個體標記爲「陽性」（屬於該類別成員）或「隱性」（不屬於該類別成員）。若我們也曉得各受測個體的實際類別，便能夠確認演算法標記時的正確頻率與錯誤頻率，進而繪製成「混淆矩陣」（confusion matrix）。如表 1.1 範例所示。此例的分類演算法，是要用來預測誰是詐欺犯。被標記爲「陽性」者，表示系統預測會詐欺，被標記爲「隱性」者則不會。

　　混淆矩陣呈現系統在兩種預測類別中實際答對的頻率。「僞陽性」〔false positives，又稱型一錯誤（type 1 errors）〕係指系統誤判一個人會詐欺（虛驚一場）；「僞隱性」〔false negatives，又稱型二錯誤（type 2 errors）〕則是系統未偵測到應該要偵測到的詐欺犯（漏網之魚）。在系統不完美的情況下，「僞陽性」與「僞隱性」之間必然無法兼得〔「眞陽性」（true positives）與「眞隱性」（true negatives）之間亦同〕。例如，演算法若判斷所有人都會詐欺，僞隱性便不存在。反之，演算法若判斷所有人都不會詐欺，僞陽性便不存在。重要的是，不同領域情境所希望系統出錯的偏向是不同的。例如，假如今天是要預測一個人是否適合參與矯治計畫，便會希望

是錯成偽陽性。反觀若是要預測一個刑事犯是否有罪，則會希望是錯成偽隱性（背後的預設是，寧可縱放更多有罪者，也不願錯關一名無辜）。既然如此，分類演算法的衡量標準便要去明確定義，從混淆矩陣來看，**什麼樣子的表現結果才可以接受**——也就是希望系統出的是哪一種錯誤。

表 1.1　根據詐欺偵測演算法所做之混淆矩陣

	結果確實詐欺	結果並未詐欺
預測會詐欺	真陽性	偽陽性（型一錯誤）
預測不會詐欺	偽隱性（型二錯誤）	真隱性

　　透過混淆矩陣，可以簡單確認演算法出錯的類型及表現是否可被接受。但光靠混淆矩陣來測試與衡量演算法是不夠的。測試必須**頻繁進行**，才不會被視為敷衍或橡皮圖章。人們的習性、偏好與生活模式會隨著時間改變，必須持續更新用於訓練演算法的項目，才能確保如實反映演算法運用對象的特性。假如沒有定期更新，演算法的表現將會變差，出現（或再次出現）各種偏誤（bias）。另一個要求是，測試必須**嚴謹**，不能只看標準案例的演算法測試表現，像是收入「普通」的「普通人」，也必須去檢視例外人物、不尋常情況等邊緣案例的測試結果。

　　頻繁與嚴謹的測試之所以重要，不僅在於維持安全與可靠，更是要增進人類對 AI 的信任。人類生性多疑，但只要科技在惡劣條件下反覆測試且證實安全無虞，人類多半會願意接受。這就是人類會願意搭飛機的原因。波音公司客機所須進行的測試以嚴格聞名，甚至古怪。AI 的道理也相同，人類不太可能會比照信任航空管制或飛

機自動駕駛，放心交給 Google 無人車自動駕駛，除非有大量且足夠證據顯示，無人車在各種條件（車流量大、車流量小、雨天、路上有行人、路上沒有行人、路上有騎士、路上沒有騎士等）嚴謹疲勞測試下，結果證實安全。

小結

　　本章說明各國政府與企業目前採用的主要預測模型，目的是想強調模型技術具有延續性。現在所見到的模型，都是電腦時代開始至今的預測模型的延伸，有些更早。本章也特別強調，這些模型雖然被冠以「AI」模型之名，多半也是「統計」模型。現代 AI 預測模型新穎之處，在於表現優於傳統模型，一方面是因為技術進步，另方面是大數據時代不斷出現許多新的資料來源。正因如此，AI 預測模型的運用才會日益廣泛。

　　開發並應用現代 AI 科技，腳步走得最快的是企業。大型科技公司（如 Google、Facebook、Amazon 及中國同業服務供應商）是這方面的全球翹楚，僱用的研究團隊不論規模、能力與經費皆屬上乘，能夠接觸到最大量的資料集（datasets），具備的電腦處理能力也是頂尖。腳步稍微落後的是 AI 學術研究，最落後的是政府單位。儘管如此，政府單位採用的 AI 工具與大型科技公司並無二致，重心也都是放在預測。

　　值得強調的是，本章並未介紹 AI 所有面向，也未完整介紹機器學習。其實有不少其他重要的機器學習科技也對現代 AI 系統有貢獻，尤其是不需引導也能自行從資料中發掘規律的非監督式學習法（unsupervised learning methods），以及系統引導採獎懲型態的強化

學習方法（reinforcement learning methods）。（有興趣的讀者，請參閱本章附錄。）不過，本章介紹的預測模型，仍然是目前影響人類世界的主要 AI 科技。本書陸續也會看到，公民在談如何管制 AI 科技時，討論的焦點也是預測模型。例如，既然所有預測模型可以用同一種方法衡量，自然要討論品質控管與偏誤（第三章）；既然預測模型執行的工作項目範圍明確，自然要討論到人類監督與控制的課題（第五章）；既然預測模型的表現往往以簡約爲代價，自然要討論透明問題（第二章）。總之，不論從技術或從管制監督層面來看，預測模型很有意義，故適合作爲公民指南的切入點。

附錄：其他機器學習系統

　　目前主要都是在介紹「預測模型」，以及該模型在業界與政府應用的歷史。本書大部分篇幅與討論，也都著重於這種工具。然而廣爲應用的機器學習，並不限於預測模型，其他類型也值得介紹。

　　其中一種是「非監督式」機器學習。有別於監督式學習演算法須根據指示才能知道如何找出輸入變項與輸出變項的關聯，非監督式演算法則不須指示，會自行從龐大資料集找出專家找不出的規律。這種機器學習往往用於建立「典型」顧客或「典型」公民輪廓，可以按照資料集的內在典型規律，重新表現資料集，讓複雜資料集變得單純。比方說，如果知道購買狗飼料的人也常會購買除蚤項圈，而且會造訪專門給寵物飼主造訪的網頁，便可以建立一個大致涵蓋會做這些事情的人的類別。做這種「顧客區隔」的用途之一，就是更容易對潛在客戶投放廣告。

　　想要衡量非監督式學習系統的表現，並不容易，因爲系統並不

執行特定工作項目。像是前面的例子，系統只是按照顧客的共同特徵將其歸類，制定系統管制目標並不容易。不過在使用上，非監督式系統偶爾會搭配預測模型，像是透過非監督式學習演算法建立簡化分類（classes），作為預測模型的輸入因子。舉個例子，假設今天要建立一種分類演算法，將人分成高信用風險與低信用風險等兩種類別，卻不曉得這兩種人有哪些特徵上的區別，則可以先透過執行非監督式學習演算法，看看是否察覺到這種特殊類別。假設有察覺到，說不定會發現低信用風險者的共同特徵（如儲蓄多、中等收入）及高信用風險者的共同特徵（如儲蓄少、收入少）。如此一來，便可以根據非監督式系統是否讓預測系統表現更進步，來間接衡量非監督式系統的表現，管制目標也會更容易制定。法律可以規定非監督式演算法在從事信用評分時，預測準確度必須達到某種標竿。

　　還有一種機器學習值得一提，稱為「強化學習」，這是用於訓練對環境有所覺察、且會在環境中行動的仿主體（agent-like）系統。系統會感知身處的環境狀態，當作輸入因子，輸出結果則是採取的**行動**——往往是**一連串**行動——每次行動也會改變環境。這使得系統的前後覺察，都是受到自己的行動影響。一個很好的例子是打電玩的 AI 主體，取遊戲畫面像素值為輸入因子，遊戲角色做出的回應則是輸出結果。

　　強化學習訓練出來的系統就像是預測模型，因為學會找出「輸入」與「輸出」的關聯。但有兩個主要差異：第一，強化學習系統不只會「預測」輸出結果，也會**執行**預測結果，使得環境產生變化。第二，系統不做一次性且封閉的預測，而是做一連串預測，每次預測都會關聯到後續所處的新狀態。

　　強化學習也像是監督式學習，因為系統要靠外部來源才能學會找

出輸入與輸出的關聯。不過，強化學習不像是嬰兒般需要百般呵護，不需告訴主體每一步要怎麼做，主體會從環境摸索出**獎勵**與**懲罰**。由於這些刺激就像現實中一樣零散，故主體多半要學會有利於獲得獎勵或避開懲罰的行動**順序**。這也是人類與其他動物的主要學習方法，要靠自己跌跌撞撞，而非靠別人直接引導。

以本書的標準來看，強化學習訓練出來的系統依舊屬於預測模型。目前預測模型多為深度網路，每一時間節距（time step）依據反向傳播進行訓練。但強化學習是要靠系統自行找出**訓練模型的方法**，也就是自行發展出訓練範例，找出輸入端與「理想」輸出端之間的關聯。這會影響強化學習系統的衡量方式。在輸入與輸出端的關聯屬於未知的情形下，系統開發者多半沒有這方面的「測試集」可以用來衡量表現，只能改從系統竭盡所能獲取獎勵或避開懲罰的能耐，來著手衡量。

第2章

透明

德國有匹馬號稱懂得算術，一度聲名大噪。[1] 牠名叫漢斯，又稱為「聰明漢斯」，人們可以從牠的傳奇故事學到重要教訓。據說漢斯懂得加減乘除，甚至看得懂文字，拼字與報時也難不倒牠。[2] 當主人問下週五是本月幾號時，漢斯會以腳踏出答案：十一號會踏十一下，五號會踏五下，以此類推。神奇的是，答案往往都對，正確率達89%，[3] 轟動一時，更登上《紐約時報》。報紙標題寫道：「柏林神駒：萬事可成，只差言語。」[4]

好景不常，這匹馬後來跌落神壇。探究此事的心理學者發現，漢斯其實不會真的算術、報時或看懂德文。漢斯看得懂的，其實是自己的主人——這一點雖然沒那麼轟動，卻依舊厲害。牠懂得在被問問題時，從主人無意間的肢體與臉部語言找答案，踏出正確步數。主人的表情會在牠踏到倒數第二下的時候最為緊繃，接著放鬆。於是，漢斯的腳會踏到主人表情最緊繃的下一步為止。換言之，漢斯不知道問題的答案。儘管答對，理由卻是錯的。

有過選擇題作答時瞎猜，最後得高分經驗的人，看到這個例子想必心有戚戚焉。AI 也是如此，機器學習工具有相當高的風險會基於虛假理由得出正確結果，且高得堪慮。像是序言提過的物體分類演算法，會只靠自己被訓練觀看的狼隻背景有雪，來區分狼與哈士奇，而非根據要注意的眼睛與鼻子等動物特徵去區分。但這不是特例。有些分類演算法要看到船周邊有水才看得出是船，[5] 火車旁邊有鐵軌才看得出是火車，[6] 有手臂在舉啞鈴才看得出是啞鈴。[7] 這個道理告訴我們，除非人類能夠質疑科技所做的決策，否則不應該放任科技做重要決策。我們得要確認科技決策的「理由」是對的。因此，透明在 AI 領域至關重要。人們必須要能夠檢視自動化系統是如何運作，以便及時發現柏林神駒這種把戲，否則在一般場合下（像是周圍有

水，或地上散落健身器材）運作良好的分類演算法，遇到非一般場合時會錯得離譜。更何況，世界上重大決策多半是發生在非一般場合。以英國內政部的簽證案件審查爲例，外界關切的不是一般單純案件，而是**邊緣例外**案件。

問題來了，系統要透明是什麼意思？大家都同意透明不可讓步，卻對具體目標認知不一。需要知道哪些細節？細節會嫌多嗎？理解系統運作與決策**理由**要到什麼地步才夠？

這些都是大數據新世界要面對的重要問題，本章將仔細探討。但首先要釐清架構，畢竟透明範圍涵蓋**甚廣**，本書關注的只是其中一小部分。

「透明」的多重意涵

「透明」一詞有許多不同意涵，有一般意涵，也有特定意涵。有些意涵怪誕且具抱負性質，有些則很明確。

廣義而言，透明的意思是**課責**或**問責**，指的是機關或個人面對外界請求提供資訊時的回應程度，或是機關或個人願意說明已經實踐或預計實踐的行動理由。這是最具政治意涵的詮釋。重要的是，這種透明具有**動態**意涵，主管當局既然要透明，便沒有鬆懈的一刻，**隨時**都得透明，而非**曾經透明**即可。民眾期望選舉出身的代議者行事符合公眾利益，透明則代表要始終達到這種期望。一個對公民開放、可被問責且課責的政府，會比較不封閉、不自利且不貪腐。故廣義而言，透明是防止濫權的保障。所有民主國家理論上都重視透明，但顯然這個概念仍舊模糊且屬於抱負性質。由此可再至少細分成三種更實質的概念。

　　第一種透明與道德與法律責任有關（見第四章），涵蓋可責性與傷害責任等常見概念。這種意義下的透明往往是靜態，也就是「一次性」或專指「單一時刻」（如：「判被告賠償原告 600 美元」）。這種透明不見得是動態的，主要是**矯正**過錯（回顧過去）而非**防止**過錯出現（展望未來）。然而第四章將會看到，責任不見得只是回溯過去而且靜態。公司生產的商品若以既有型態為終端消費者所用——亦即，商品不會做後續測試或處理，此時公司便有前瞻責任要確保商品安全。律師所謂的「注意義務」就是這個意思。這個例子也顯示法律責任包含民眾心目中課責與問責的特點。

　　第二種透明雖然具有動態意涵，卻侷限在制度、做法與工具能否被檢驗（或能否被稽核）。這裡指的透明，是指機制：工具實際如何**運作**？各個部件是如何組合在一塊，產生原本設計要產生的結果？演算法有兩種「檢驗」方式，一種是問來源，當初如何開發，誰開發的，開發目的為何？這會延伸到採購做法，要問如何採購，誰委託採購，委託條件為何，以及律師愛問的問題：誰**從中獲益**？故可稱為**過程**透明。另一種是問如何運作，演算法是依據何種資料訓練，運作邏輯是什麼？又可稱作**技術**透明，關注的是**可被解釋**。在以演算法做特定決策之前，可以先行探求**通用**（「**事前**」）解釋。以機器學習為例，可以去問：究竟是採取決策樹、迴歸演算法，或者混合模式。知道採取哪一種演算法，便可以大致知道演算法的基本運作原理，也能夠判斷 A 演算法是否優於 B 演算法。復以**個別**演算法做決策，此時問題將更具體：**這件事**演算法為何會透過**這種**方式決策？演算法決策的「理由」是什麼？此時探求的，是具體且個別化（「**事後**」）解釋。不論哪一種，都要記住：即使決策系統可被解釋，不代表相關人士都懂。想在訴訟上挑戰自動化決策，得要先讓律師理解演算法如何在幕

後運作。因此，所有可被解釋的系統都必須額外具備一個特徵，即**可被理解**。這裡所指的理解，當然是指特定**專業領域**的人能夠理解。同樣是理解，法律用途的理解顯然不同於軟體工程用途的理解，畢竟程式工程師想知道並理解的自動化系統面向，不會和律師想知道的面向一樣。最後，可被解釋的系統理想上也要具備**合理性**，尤其是在解釋自動化決策時。解釋光是能夠讓人理解還不夠，也要根據正確推論而來，而且良好、公平與合理。

第三種透明是可近性，演算法有可能做到合理解釋，外界卻無法**獲取**解釋。像是受制於智慧財產權的關係，專屬程式碼難以公開，或者外界無法取用訓練資料。如此一來，即使曉得演算法如何運作，也會基於經濟、法律或政治原因無法完整利用。原本透明的演算法，可能會因為非技術原因變得「不透明」。上述透明的分岔概念與彼此關係，詳圖 2.1。

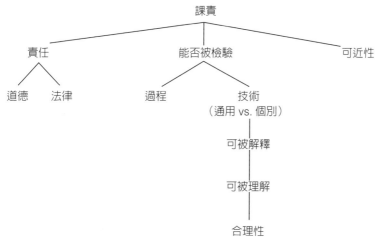

圖 2.1　透明的不同意涵

　　演算法與機器學習引起的透明顧慮，包含以上所有意涵面向。不過，公民自由主義者（civil libertarians）與愈來愈多電腦科學家特別在意的，是技術透明，也就是**可被解釋**與**可被理解**。這將是本章重點所在。系統可被解釋，才是區分誰是真正聰明，誰只是聰明漢斯的關鍵。（過程透明也是一個重要顧慮，留待後續幾章探討。）

　　首先探討演算法為何在「技術」方面有透明問題。為何某些演算法的決策難以解釋，以至於要視為不透明？其次探討這個問題有多嚴重。我們會比較自動化決策與人類決策，以便了解問題多大程度只會發生在自動化系統，多大程度又會影響人類在內的**所有**決策者。這很重要，因為如果人類決策一樣會和自動化決策遇到透明問題，恐怕就不宜以高機器一等的姿態去談機器學習系統不透明，也不宜要求機器達到人類也達不到的崇高透明水準。

　　作者們認為，以人類決策的評估標準當作自動化決策的評估標竿很合理，因為各個領域的 AI 都志在達到人類智慧水準，而這些領域也經常出現規律決策作業。

決策解釋與理由

　　當有人要對我們做涉及私人領域的宣告時，如法定權益、個人權利與應盡義務等，我們理所當然會認為對方應該合理說明決策理由，儘管對方沒有**義務**如此。假如銀行拒絕放貸，我們會預設銀行不是靠擲骰子或擲銅板做出這個決定。假如租賃仲裁委員會判斷房東漲租有理，我們也會期待得知判斷的理由，也就是法律依據。但不論是法院、公務員或私人企業，決策不見得會有解釋。通常來說，私人企業沒有義務要解釋自身決策，連政府機關決策也不一定要提供理由。即

使如此，大家都會預設解釋原則上是**存在的**，因為決策不應該是出於隨機或反覆無常。如同前面所說，決策應該要基於正確推論。

有些公共決策依照規定**須有解釋**，最明顯的例子是司法，法院有義務敘明判決理由。這麼做的最明顯原因，是方能進行上訴。既然**存在上訴權**，便要有上訴的理由。若不知道法院的判決理由，又該如何上訴？通常來說，要落實上訴權，判決者便有敘明理由的義務。若不存在上訴權，法院便不一定要敘明理由。（詳 Box 2.1）

法律也會基於其他原因規定要敘明理由，像是促進透明正義。讓人曉得決策理由，即使只知道梗概，往往也能增進民眾對決策過程的信賴，相信主事者行事公平且合理。因此，解釋有工具性價值，可以用於上訴，推翻不利判決；解釋也有內在價值，可以作為廣義上課責與透明的民主指標。在許多司法體系，書面理由也視同法律來源，稱為「判例」，相同案例相同處置，使法律維持一致性。養成說明理由的習慣，也有利於提升決策品質。法官知道自己寫的判決書會被律師、學子、記者與公民研讀的話，就會戒慎確保判決正確，畢竟攸關自己的名譽。

Box 2.1　行政法簡介：「訴願」與「審查」之區別

行政法是涉及公務員（部長、大臣、司法部部長、秘書長、執委等）行為的法律。傳統上，英美法系國家（英國、美國、澳洲與紐西蘭）的公務員沒有一般義務要說明處分理由，因為人民無權對其處分提出訴願。但人民有要求**審查**的權利（又稱為「司法審查」），意即有權對處分的**條件**提出訴願。比方說，假設公務員依法有權決定某都會區的市級土地稅率（land rates[**1]），但無權決定州級土地**稅**（land taxes），則人民可以挑戰公務員調整州級土地稅的決定。但不是針對處分

[**1]　譯註：land rates 與 land taxes 差異為，以澳洲為例，land rate（council land rate）為市政廳層級課徵的稅收，用於市政維護；land taxes 為州稅。

提出**訴願**，而是要求**審查**處分。在這個情況下，不需要有明文理由作為審查的前提，因為挑戰的不是處分本身（即公務員如何根據事實與法律推導出結論），而是挑戰處分背後的**條件**（即公務員無權制定州級土地稅率）。至於真正的訴願，是透過司法上訴 [**2] 檢視處分內涵，而不僅止於處分**條件**，又稱為「**實質審查**」。這也是刑事訴訟與民事訴訟當事人經常行使的權利，透過上訴 [**3] 讓法院詳細檢視決策者處分的理由，包括證據之評估、結論之做成、法律之詮釋，以及如何以該詮釋適用個案事實。換言之，上訴可以讓法院另做裁定，取代原本的處分。訴願權要能夠真正落實，顯然處分對象得要陳述理由才行！

　　某一方「有權利」獲得解釋，表示相對方「有義務」提供解釋。但該權利與義務之有無，因國家地區而異。有些國家（如紐西蘭）規定公務員有此義務。[8] 其他國家（如澳洲）則未規定公務員有此義務（法官除外）。歐洲則可能是目前規定公私部門**都要**解釋自動化決策的明例（見下方說明）。即便如此，解釋權是不是實務上適當補救之道，是有爭論空間，這並非指出該議題不重要，而是它的成效易被高估，因為有賴於個人具備權利意識，知道如何實踐權利，往往也要有足夠財力。[9]

　　隨著演算法決策科技廣泛應用，公民權利團體自然更關心演算法做成的決策能夠被挑戰的領域。不只是司法體系固定採用 AI，銀行也會利用 AI 判斷顧客信用，人力仲介公司會以 AI 篩選求職者，保全公司則藉由 AI 確認個人身分。儘管普通人對於私人企業所做之決策，無法比照法院判決「提出上訴」，凡是涉及公眾利益的私人企

[**2]　譯註：「是透過司法上訴」為譯者所加，目的在於避免大陸法系讀者混淆作者們的意思。見下一譯註對於 appeal 一字不同譯名的解釋。

[**3]　譯註：因法系的不同，appeal 在大陸法系（我國）視情況有不同的翻譯。針對行政機關做成之決策處分提出不服，稱為訴願。針對司法機關做成之判決提出不服，稱為上訴。此處作者們談的內容指的是國外情況，前面談的偏向行政面，故譯為訴願。後面觸及法院部分，則改譯為上訴。但英文都是同一個字 appeal。

業決策，法律仍有相關行為規範。例如，反歧視法規定雇主不得根據求職者族裔、性傾向或宗教信仰決定是否錄用。但是，使用 AI 軟體的公司，軟體可能是從其他家公司買來的，要如何確定 AI 軟體建議錄取某人，或者否決貸款申請，都不是根據這些不得考量（「受到保障」）的特徵因素做出決定？難道只能**預設**軟體開發商清楚法律規定，而且有按照規矩設計系統嗎？

AI 的透明問題

傳統演算法沒有透明問題，至少不是目前深度學習網路所呈現的透明問題，因為傳統演算法是由「人工」定義，系統只能遵循開發商的設計，怎麼輸入就怎麼運作。[*1]

如同第一章所見，深度學習更勝一籌。神經網路在執行深度學習演算法時，會模仿人類大腦計算與學習模式，靠著大批簡單的類神經元單位，單位與單位之間以大量可塑之類突觸的連結密集互連。深度學習系統的突觸權重會在訓練過程中有所調整，以提升性能。人們雖然可以理解這種一般**學習式**演算法如何運作（像是第一章提過的方法——「誤差反向傳播」），卻無法參透實際**所學到的**演算法——也就是輸入與輸出之間的獨特關聯。訓練神經網路做決策時，基本上它會按照自己的方式做決策。問題就出在這裡，不論是使用系統的人，或是開發系統的人，都無法事先掌握系統會透過什麼方法處理未能預見的資訊。不論是系統運作的**事前預測**或**事後評估**，都很難做得準確。這就是演算法如今被人詬病不透明的癥結。無法確定機器決策

[*1] 不過某些傳統演算法因為十分複雜，也**可能**難以參透。如「專家系統」（expert systems）。

的理由，又該如何審查決策？判案的法官或祭出處分的公務員與政府機關，都說得出理由，反觀決策自動化的系統，提供的「理由」又會是什麼？理由夠好嗎？依作者們之見，若以人類在做決策時會毫不遲疑且經常提供理由，故將人類決策視為透明的黃金標準，則就某些方面來說，AI 也是能夠符合透明的黃金標準。

演算法系統被要求提出什麼樣的解釋？

目前為止，主張 AI 要透明的訴求多半專指某一面向，著重於檢驗演算法決策工具的「內部構造」或「內部運作」。[10] 這也稱作演算法的「解構」過程，猶如開啟黑盒子，去「理解權重、神經元、決策樹狀圖與架構等內部結構，以掌握被結構編碼的規律。而這得倚賴大量模型結構才能做到」。[11] 電機電子工程學會（IEEE）則認為，設計一種「會說明理由，或能提供可靠『解釋』資料以便一窺結論背後認知過程」的可解釋型 AI 系統，確實可行。[12] 學會也指出，「內部」過程必須「可追溯」。[13]

不只是尚未實現的系統被如此期許，歐盟《一般資料保護規則》（*General Data Protection Regulation*, GDPR）也有類似倡議。[14] 例如，第 29 條個資保護工作小組（Article 29 Data Protection Working Party）草擬的 GDPR 指引即指出，一般不宜「以複雜數學說明演算法或機器學習運作原理」，惟「如屬專家為確認決策過程無誤所必要者，則應遵辦」。*2 規定雖有道理，像是技術合規團隊、軟體開發商

---

*2 確切而言，該「良好做法」之建議（附錄 1）係涉及 GDPR 第 15 條，而非第 24 條。第 15 條 (1)(h) 要求特定型態全自動化決策必須揭露與「運作邏輯相關的」實質資訊。

與採用演算法系統的企業，自然都有動機去了解系統「裡面裝些什麼」。但可想而知，他們探究的重點不在於 AI 決策**本身**，而是科技這種可以被組裝、拆解、重組，甚至適時用於改善決策、除錯或提升人類控制的工具。這和我們想要的不同，我們想知道的是系統**決策**的理由，想要獲得**合理**解釋。故依作者們之見，最理想的解釋往往（但非必然）不會糾結於系統晦澀技術細節，而是會提出猶如人類的行為解釋。

人類的解釋標準

　　人類提出的解釋又是什麼模樣？比方說，難道可以從法官判決與公務員處分的書面理由看出決策的蛛絲馬跡？真的有「讓人一窺結論背後認知過程」嗎？幾乎沒有。

　　人類可以說明決策理由，但決策理由不等於認知過程。而人類抉擇背後的認知過程，其實不太透明。尤其在某些領域，審思多半倚賴直覺、個人印象與不連貫的預感。以再犯率或還款能力評估為要件的決策領域為例，便經常取決於哲學家所謂的「潛信念」（subdoxastic）因素，也就是意識信念層次底下的因素。學者解釋：「人類決策許多時候取決於最初幾秒的印象，以及〔決策者〕對申請人的好惡。比起不修邊幅、蓬頭垢面的傢伙，穿著體面且打扮整潔的年輕人更有機會被信評人員核發貸款。」[15] 人類決策的不透明，往往來自對自身真實（內在）動機與處理邏輯的**誤判**，以及擅於**事後**合理化決策。在研究可解釋型 AI 的學者眼中，人類決策是得天獨厚的能力。[16] 之前提過，有些學習系統複雜到難以有系統地理解其運作，其中以深度學習最為明顯。但是，人腦基本上也是黑盒子。學者

指出：

我們觀察到輸入因子（光、聲音等）與輸出結果（行為），也觀察到某種傳遞特性（朝一個人的雙眼揮棒，會促使他躲避或伸手阻擋），卻還是不太曉得人腦是如何運作。雖然已經針對人腦某些功能（尤其是視力）發展出演算法模式的理解，但仍然很粗淺。[17]

　　就大多數決策而言，人類理性（human reasons）只要做到嚴謹、全面且周延，就很有用也大致足夠。惟這裡指的有用，並不等於真理。人類理性被定位在哲學家所謂的「實踐理性」（practical reason）層次，講究的是行動的合理性〔相對於講究信念合理性的「認知」（epistemic）或「理論理性」（theoretical reason）〕。大部分的實踐推理（practical reasoning），都不須將理由解釋得太細、太冗長與太技術性，做了反而幫助不大。這不代表典型人類推理（human reasoning）結構最適合所有場合，只是應付多數用途十分恰當。

　　想想看，日常生活決策，有些與人生重大里程碑有關，像是成年、有了感情對象與共組家庭；但多數決策平凡單調（要在家吃晚餐還是去餐廳？）。許多決策對當事人非常重要，會花不少時間思考（像是職涯選擇、要不要結婚、要不要生小孩、何時要生，以及買房或大學學費這類大筆開銷如何負擔）。但經過幾個月的研究與思考，**事後**也不過是提出幾句為什麼要這麼做的理由。例如可能覺得是三、四個因素之中最關鍵的那一個，便在**事後**理由點出該特定因素，並以幾句話提出辯護。

　　其實仔細想想，許多「官方」決策未嘗不是如此。像是要不要

購買新設備；要不要替鎮上自來水添氟；要不要讓被不公平解僱者復職；要不要准許某人交保或假釋等。不論是公共決策、個人決策、商業決策或其他決策，決策的形式架構都相同。當然，有些決策比較重要，有些決策比較不重要，端看決策會牽涉到哪些人，又會影響多少人。有些決策也可能被規定要說明理由，也有義務去參納某些因素。但形式不是最主要的區別，不論公共或私人決策，都涉及相當系統化的實踐推理。如果理由解釋得太細、太冗長與太技術性，又超出必要程度，很可能會有違透明的目標。

　　當然，公共與私人決策確實是有差別，像是某些理由可以用於個人決策，卻不能用於公共決策。一個人可以說「我不喜歡奧克蘭，所以不會搬去那裡」，但這在公共決策卻不成理由。公共決策往往會透過委員會、陪審團、高等法院等團體方式進行，以減輕個別人士在思考時出現的「雜訊程度」。個人決策當然也不例外，往往也會和朋友、家人、人生導師、職涯顧問等人商量後才做決定（像是要讀什麼科系、要選擇什麼職涯、要租屋還是買房）。不論如何，上述差別不影響兩者具有相同根本結構。決策過程有多一點人或少一點人參與（陪審員、焦點團體等），有沒有上訴權利，都不影響一個事實，那就是決策過程都有用到實踐推理，而且信念與欲望是決策的輸入因子。以法官判案為例，這稱得上是最嚴謹且有條理的官方推論。法官推論要能夠說服主張權利的訴訟當事人，如果判當事人敗訴，則要說明為何其主張無理。由於要說明的公民對象程度不一（當事人家屬、企業主管、股東、消費者、人犯等），所以不得不採取實踐理性。即使是向律師說明判決的法律依據與道德原則時，也離不開實踐（與道德）推理。[18]

　　這不是新洞見，不過很重要。之前提過，預測分析決策工具已

經用於輔助實踐推理。比方說，GDPR 的目的是要規範「個人」資料處理以保護「自然人」（第 1 條）。同規則第 15 條與第 22 條則規定，若「決策」僅以包括「側寫」（profiling）在內的自動化資料處理方式做成，則資料當事人「有權利」不受其拘束。而像 PredPol 與 COMPAS 這類偏誤重重的軟體（前者用於犯罪熱點警方管控，後者用於預測再犯可能性），是要用來取代或輔助人類實際決策（例如，用於解答「該如何分配警力在地理特性為 X 的地區？」或「特定人犯再犯機率有多高？」等問題）。這種科技提供的解釋，應該要符合實踐推理為宜。凡是不符合實踐推理的那些太細、太冗長或太複雜的解釋，大多不盡理想。

　　既然如此，許多追求可解釋型 AI 的倡議，卻是將透明目標的實現建立在（明確或暗中）預設資訊處理系統內部運作要做到滿意或理想的解釋程度，這毋寧有些奇怪。英國上議院人工智慧特別委員會在 2018 年發布的報告即為一例。委員會一面坦承「某些 AI 系統目前很難、甚至不可能做到完全透明，這麼做也不恰當，或者沒有益處」，[19] 卻又主張在像是法律、醫療與金融等攸關安全的領域，「必須」做到完全技術透明，指管制機關「要有權力規定 AI 運用更透明，即便會因此犧牲 AI 的力量與準確性」。[20] 看來其邏輯是，雖然犧牲準確性，但至少使用的系統更單純，系統內部運作也能夠讓人確實檢驗。讀者看出奇怪之處了吧，連人類決策者都達不到的高標準透明度，卻要求 AI 必須達到。這是雙重標準的延續，一面要求機器工具必須盡可能透明，甚至以不可行的標準要求達到；一面卻容許人類做決策時只要提供標準相對沒那麼嚴格的實踐理性的理由即可。按照這種思維，即使比較單純且容易透明的系統做出的決策品質較差，有這種系統就該使用這種系統。這種雙重標準會阻礙深度學習與

其他 AI 新興科技在相關領域掀起變革。委員會指出：

由於 AI 系統對個人生命影響重大，本會認為除非 AI 系統的決策能
夠提供充分且令人信服的理由，否則不應採用該系統。例如深度神經
網路這種尚無法清楚解釋決策是如何做成的工具，就必須延後採用，
直到替代方案出現為止。[21]

　　某些情況下，上述做法也許合理，但若一開始便採取這種立
場，實屬危險。委員會自己也提到，AI 的利用若只侷限在人類能夠
理解的範圍，將會限制 AI 的潛在用途。[22] 若要先徹底理解科技功
效才去採用，這在許多重要領域會不利於人類福祉，如臨床醫學與精
神藥理學。

人類決策的無意識偏誤與不透明

　　「人類在認知上容易心存偏見，且對人有刻板印象。」這是普遍
認同的事實。[23] 而且，「當代偏見往往難以察覺，連有偏見的人都
不見得對此有所意識」。[24]

　　近期研究證實這項觀察。即使是日常處理罪證資料經驗敏銳且專
業的人，也難逃不察自身偏誤。最近有一篇比較媒體公審對法官與陪
審員的影響的心理法律文獻回顧，論文作者指出：儘管「絕大多數法
官與陪審員在面對案件時，都會盡可能秉持公正無私的態度……但再
如何盡力，結果依舊不理想」。[25] 又說：「即使採納法官推論方式
異於陪審員的可能性，心理法律研究顯示這對法官查明事實的職責並
不具重大影響。」[26] 此外，「法官與陪審員都同樣會受到媒體公審

的影響」。[27]

　　這些研究結果足以讓人對人類推理的態度改觀，甚至也會去質疑最受信賴的推論專家是否眞的如此能幹。光是提出決策理由，這種做法恐怕不足以抵禦各種因素的影響，決策理由也可能掩蓋了決策者自己都不知道的動機。即使他們知道自己的動機，提出的理由也可能掩飾眞正的理由。眾所皆知，英美法系國家的法官在發現沒有判例可以支持自己的合理認定時，可能會去四處摸索，直到可以從有限判例中找出某種理由來支持自己的認定。[28]

　　談到演算法透明，有人會舉人類判決可上訴爲例，彷彿人類在做決策時會因此更透明。法院和法官被視爲人類決策的典範，這件事固然可以理解，但可別忘了，司法上訴權其實限制重重，很少能夠自動上訴。民事訴訟法往往會規定須先由高等法院決定「是否允許上訴」，使得上訴受到限制。[29]

　　雪上加霜的是，（出於實務原因）司法論證內容有一大部分是無法上訴的，甚至在初審法院便是如此，而且就算理論上可以上訴，也無法上訴！司法裁量在每個案件難免有必要，然而針對裁量的上訴，限制往往很嚴格。[30]法官頻頻動用裁量，恐怕也有違透明正義原則。此外，法官對於證人的證詞是否可信，也有相當的認定空間。原則上，基於對一審法官親自評估證人行爲舉止的尊重，高等法院不會推翻證人可信度的認定。至於陪審團的決議，則是黑盒子中的黑盒子。就算陪審團的決議可以允許上訴，但除了陪審員之外，沒有人曉得陪審員決定的理由。這又算是透明嗎？

　　接著從認知層面進一步探討。目前人們對於人類決策背後的神經生理學，理解範圍僅限於中間神經元傳導、興奮與抑制等一般原理。以涉及多重要件的決策案例爲例──也就是決策者必須考量多重因

素並衡量每個因素的相關程度才能做出最終決定──有假設認為，人的大腦會排除各種潛在方案，讓最主要的方案以一種「勝者全拿」之姿抑制其他方案。[31] 儘管過程某種程度上可以被量測，「但是在各個要件被分配權重或相對重要性的這個過程階段，是量測不出來的」。[32] 這一點提醒我們，即使法官說明各個法律要素在判案過程中的比重，但比重分配背後的真正內在處理邏輯，仍然不明。

探討人類決策的認知心理學一般研究結果也發人深省。學界普遍熟悉「定錨（anchoring）效應」及「框架（framing）效應」；而該領域中的「接近（proximity）效應」，指的是近期事件的權重會比久遠事件的權重大，尋求解決方案過程中的抉擇，也比較會受到近期事件影響，而非久遠事件影響。[33] 另一為人所知的，則是人們往往會在事件彼此不相關的情況下，誤判事件彼此有相關（correlation），[34] 這種偏誤最會出現在人類遇到發生機率微乎其微的情況。[35] 最後一個是，人類受限於短期記憶力，無法同時處理三個或四個以上的關係。[36] 複雜決策的本質，就是牽涉到許多議題與多重關係，而人類無法同時評估這些因素，說明了人類處理複雜事情的能力是受限的。

簡單結論就是：不要以為比起那些像黑盒子一般讓人無法理解的深度網路，人類是透明典範。

可解釋型 AI 2.0

從前面可見，既然實踐理性講求的是以實踐理性層次的理由表達行動理由，故一般而言不應該以更高標準去要求那些輔助或代替實踐推理的工具。這也代表著，演算法決策的解釋應該要比照人與人互動時的普通日常解釋，而非要去深究決策工具的內部運作。以下將進一

步探討，究竟比照日常解釋應該長什麼樣子？

　　現代預測模型不論採取的是哪一種機器學習方法，實際上運作往往很複雜（見第一章）。想要讓人類使用者曉得預測系統**為什麼**會如此決策的話，便須在產生決策所必備的功能之外，增添額外功能。而能夠增添這種功能的「解釋型工具」，是發展迅速的 AI 新領域。

　　新一代解釋工具的基本特色，在於**藉由訓練另一個預測模型去複製原本預測模型的性能**，來了解原始預測模型如何運作。原始模型即使複雜且被優化到最佳預測性能，第二個模型──即「模型的模型」（model-of-a-model）──則可以更簡約且被優化到提供最有用途的解釋。

　　對決策者而言，最有用途而且最會想要知道的解釋，大概是不同因素在最終決策中占的考量權重。人類在做決策時，經常會透露自己是如何分配考量權重，儘管前文已經提到，決策背後的內在處理邏輯並不明朗。權重是日常邏輯的典型範例，讓演算法決策工具透露自己的考量權重，便是一種堪比人類決策的課責方式。[37] 這一塊最被看好的某些系統，會根據要解釋的系統決策為對象，以最相關的因素建立局部模型。[38] 這種稱作「模型的模型」的解釋系統，有另一個好處，在於無須揭示系統內部運作，即可說明系統決策是如何做成。科技公司應該樂見其成，因為用不著擔心解釋自家軟體如何「運作」時，會曝光註冊專利的「祕密配方」。這種「模型的模型」系統會有這種特色並不讓人意外。記住，它不是在說「演算法是用**這種方法**做出 X 決定、演算法是**這樣**運作」，而是提供一種**模型**，就像名稱所示的那樣，模型只須提供高層次且簡化的說明。就像經濟且密實的倫敦地鐵路線圖，可以當作搭乘地鐵的實用參考，但不會有人認為認識倫敦地形可以參考這張圖。像是在地面辨認方位，這張圖就用途不

大。

　　讀者也許會好奇，有沒有更厲害的解釋系統能夠更貼切反映演算法實際決策的方式，同時又可以被理解——也就是模仿人類邏輯？答案是肯定的。杜克大學與麻省理工學院研究人員創造出一種圖像分類演算法，它不僅提供人類能夠理解的解釋，更會以這種人類邏輯去分類圖像。[39]設想面前有一張鳥的圖像，要你分辨牠是哪一種類。你可能以為這是再普通不過的物體分類，但事實上連鳥類學家也不見得光憑圖像就容易分辨是什麼鳥，畢竟鳥的種類太多。如果要你做個有根據的猜測，你會怎麼解釋自己的回答？前面討論過的哈士奇與狼，正屬於這類問題。還記得之前說過，如果你覺得圖像上的哈士奇其實是狼，便須從幾個方面說明為何如此認為，像是眼睛、耳朵與鼻子。換句話說，你會**剖析**圖像，指出圖像上的哪些部分是某種犬類的「典型」特徵，再根據這些典型特徵的綜合權重判斷屬於哪一品種。但先前序言曾經提到，許多物體分類演算法的推論方式並非如此，反而是關注圖像是否有雪（儘管可笑，卻可以理解，畢竟在訓練個案圖像中，許多狼的背景有雪）。總之，杜克大學與麻省理工學院共同創造出堪比人類推論模式的鳥類分類演算法，會剖析鳥類影像，取訓練個案中的特定部位，復與該鳥類品種典型部位相比較。重要的是，演算法不只會透過這種方法做出結論，更會以這種方式**解釋**自己的結論。研究團隊指出，「這種演算法推論過程不僅透明，而且**真正**用於預測。」[40]簡直是雙贏。

　　企業多年來諉以解釋系統過度困難、解釋難以理解或害怕會洩露營業祕密為由，不願提供解釋系統。然而，風向逐漸改變，連大企業也發現解釋不僅重要，而且有商業化的潛力。如今市面上已出現「日益蓬勃的顧問產業，以提供演算法稽核『服務』為號召，從準確性、

偏誤、一致性、透明度、公平性與及時性等層面，協助客戶評估演算法」。[41] Google 與 IBM 亦加入戰局，IBM 推出的解釋工具屬於雲端開源軟體，能夠讓顧客「藉由視覺儀表板了解演算法如何做出決定，以及根據哪些因素產生最終建議。軟體也能追蹤模型紀錄，確保長期準確、表現良好且公平」。[42] Google 的「what-if」工具「也是要讓使用者了解機器學習模型運作狀況」。[43]

雙重標準：是好是壞？

本章的一個重要前提是：不論人或機器，適用的透明標準必須一致。原因之一在於人類成就值得成為 AI 努力達成的標準，另一原因則是人類與機器各有各的不透明（前面已經談過）。一個系統有機，另一個系統人造，這當中必然會有差異，卻不足以合理化不同的透明應用標準。並不是說任何情況都不能採取不同標準，因為有些時候會有這個需求，惟屬於特例情況，（因為過於深奧，暫且打住。）[44] 與其去探討這些情況，不如來看看其他幾種不足以合理化人機標準有區別的理由，即使乍看之下這麼做似乎合理。

第一個是 AI 有潛力比人類更透明。如果演算法決策工具有機會比人類更擅於解釋自己的決策，則法規制定應該要有助於發揮其最大潛能才對，即使標準定得比人類適用的更嚴格也無所謂。然而，數百萬計神經元構成的深度網路是否實際上真的比人腦更不像黑箱，卻不無疑問。如果 AI 只是原理上比人類智慧更透明，實際上卻不盡然的話，則這兩種智慧都是相當不透明，也就難以合理化採行雙重標準。

另一個主張雙重標準的理由則是說，民眾有疑慮的演算法決策，是指第三方會因此受到影響的政策決策。針對這種情況，會透過

專家出具報告、委員會與上訴機制等程序設置，來減少個人偏誤的發生。由於這種程序偏向支持人類決策，因此採取較寬容的透明標準是合理的。

但前文已經闡明，上訴機制對於減少偏誤的助益，其實有限。至於委員會，從前面引述的論文也可以知道，陪審團（屬於一種委員會）與法官其實會受到媒體公審偏見的影響。故人類推理所受到的人類偏誤干預，不見得會因爲有多人參與決策即可消除或減少。至於專業，前面也提過，身爲專家的法官即使清楚自己的動機，陳述的理由也可能會掩飾眞正理由。關於委員會還有一點，外界以爲群體可以藉由內部過程自然達到高標準透明度，因爲成員通常需要在平常討論的攻防質問過程中，證明與合理化自己的論點。

惟社會心理學研究指出，群體機制雖然可以確保**產出**理由，卻無法保證理由**品質**優良。事實上，群體成員往往在得知理由時，立場就會動搖，而不會顧及理由品質。從經典研究可知，插隊影印的人只要有插隊理由，就比較容易被包容，即使理由很空洞。[45] 與其說：「可以讓我用一下影印機嗎？」不如說：「可以讓我用一下影印機嗎？因爲我要影印」，反而會更有效。當然，該研究談的是非正式群體場合的規律，並非針對高層級公共委員會，惟法律學者在討論正當性時很重視這份研究。[46] 因此，儘管群體決策的過程會自然產生理由，也不見得會比一個人的決策更進步。即使機器**單獨**決策證實比一群人不透明，這反倒像是兩邊系統在比較上的不對稱，而不是演算法有缺陷，因爲一個人做決策也會比一**群**人不透明。

小結

　　本章試圖揭示解釋型 AI 系統與透明 AI 系統相關呼籲的背後預設，該預設認為要求 AI 系統達到普通人類決策者達不到的高標準透明度是合理的。又或者，預設人類決策一般而言比演算法決策透明，因為前者可以被深入檢視。規定機器符合嚴格標準，只是為了達到公平。這兩種預設都是錯的。現階段 AI 解釋不了的東西，人類也解釋不了。所幸人類**解釋得了**（也應該要解釋得了）的東西，AI 系統也愈來愈可能給出解釋了。

第3章

偏誤

　　人類是了不起的思考者，每天要在異常複雜環境下憑著有限資訊做出上百個決定。儘管不可能料到所有決定會有什麼後果，卻還是能夠出奇順利在現代社會闖蕩。為何會如此順利？簡單來說，靠作弊。自從 1970 年代，心理學家便在記錄大腦讓人在常見情況下能夠幾乎做對決策的簡約規則，即所謂「捷思與偏誤」（heuristics and biases）。[1] 透過這種心理機制，即使用來決策的資訊不夠充分，人類還是能夠做決策。人類推理大多受惠於這種「快速簡約」思考模式。[2] 以下謹舉幾個例子說明。

　　可得性捷思法（availability heuristic）係指可以從遇到一個現象的頻率，累加起來判斷該現象會發生的機率。[3] 這適合判斷走在路上遇到貓的機率，但不適合判斷遭遇凶殺的機率，原因是新聞媒體會報導每一件凶殺案，但不會報導路上所見的每一隻貓。因此凶殺資訊的可得性虛假地高。

　　物體恆存（object permanence）則是指，人類即使不再體驗到某個物體，大腦仍會預設物體持續存在。正因為人腦內建這種奧坎剃刀（Occam's razor）原理，才會知道今天早上起床時的感冒，就是昨晚入睡時的感冒。這是不錯的批判思考原理，但如同所有簡單「本能」法則，偶爾難免會誤導人。比方說，魔術師從帽子裡抽出來的兔子，便不是三十秒前讓你看過的那一隻。

　　定錨捷思法（anchoring heuristic）則會讓人在判斷價值時（該出價多少買這臺車？）過度倚賴別人一開始提供的判斷，即使不確定對方是如何判斷，或者判斷是真或假，也會如此。[4]

　　一個人是否會是一位不良駕駛，合理的判斷方式是去思考不良駕駛的成因，如缺乏駕駛經驗、開車不專心或酒駕。然而大腦的思考邏輯多半不是如此，不會去思考成因，反而會去看這個人和刻板印象

中的不良駕駛是否相像（此現象稱作**代表性偏誤**，representativeness bias）。人之所以害怕鯊魚，是因為鯊魚令人聞之喪膽，不是因為真的有可能遇到鯊魚，更遑論被鯊魚攻擊。代表性偏誤與可得性偏誤雙雙在主導這種所謂的通用思考。[5]

　　過度自信偏誤（overconfidence bias）則是指高估自己做決策的能耐。[6]以上這些偏誤的程度與確切本質仍然爭論不休，但是根本原因眾所皆知：人類思考能力有限，記憶會出錯，無法應付過多資料，也無法同時衡量不同因素的影響。集眾多這些缺陷的明顯例子，就是捷思與偏誤**經常**可靠，卻會讓決策帶有偏見。

　　偏見（prejudice）是指認同或排斥某事、某人或某群體的偏誤決策，然而不是所有偏誤決策都是偏見。不讓小孩開車是一種偏誤，但不算是偏見。那麼偏見比偏誤多了什麼要素？學者對於偏見的定義沒有定論。有人認為是針對發生機率的失當判斷所造成的不理性，[7]每次遇到的隔壁村民都沒禮貌，就認定隔壁所有村民都沒禮貌，儘管只遇過少數幾個人而已。有人認為偏見是一種群體推論方式有疏失的道德缺失，尤其是當偏見會合理化對我們有利的行為。[8]第三種解釋認為，偏見是人類心理內建的非機率通用思考，有助於避開惡犬及「不對勁」的食物。[9]這個論點格外有說服力，因為許多偏見一如預料，即使出現反證也會無意識頑固不願採納。

　　以上看法有個共通點，在於認為偏見與衍生歧視的出現，是肇因於人類針對複雜生存環境能夠掌握的資訊有限，難以客觀思考。更不利的是，人類情緒還會大力影響決策是否客觀。[10]比方說，恐懼這種負面情緒，便容易讓人出現偏見。人類文明能夠成功，多半是靠思想與制度去補足認知缺陷，如哲學與歷史分析、法律與司法制度、科學方法、現代數學原理、現代統計原理與邏輯原理等。這些一般較為

正確且客觀的思考方法，在人類史上運用範圍有限，會用的主要也是專家，但如今已經開始被用在簡單易用且隨處可得的裝置，爲的是讓所有人做的決策可以客觀且正確。

AI 登場救援

專家系統（expert systems）可以說是第一個眞正成功的 AI，當初設計是要用來模仿特定領域專家的思維，如醫療診斷。儘管 1970 年代到 1980 年代曾投入大量研究，專家系統的應用卻從未眞正開展。原因有幾個，除了系統製造非常昂貴之外，最重要的是必須依循可被嚴謹定義的規則才能模仿思考。但人類的思考多數時候並非依循嚴謹且確鑿的規則，而是根據機率與可能性，以及風險與回報。前面提到的各種捷思與偏誤都曾歷經演變，以便人類判斷機率與價值。正因爲懂得如此思考，人類才會是如此成功的物種。同樣道理，AI 在商業上的成功，也得歸功於開發出能夠學習機率的系統。

現代 AI 工具可望減少偏誤的原因，就是因爲性能、速度與準確度都達到相當水準，可以不再依靠簡約法則。一來，AI 可以分析大量資料集。其次，AI 在做決策時可以參考數量上遠遠超出人類所能應付的因素類型。此外，人類常犯的統計推論錯誤，AI 不會犯，AI 也不會以通用思考應對偏見。最重要的是，AI 完全是在談機率。既然如此，反對在公部門、企業界與日常生活運用 AI 的最堅決理由，竟然也包含宣稱 AI 會造成不公平與偏誤，便著實讓人感到意外。主要反對理由如下：

· AI 會延續或加劇現有的不平等。[11]
· AI 會歧視少數族群。[12]

- AI 會放大檢視窮人與弱勢族群。【13】
- AI 在司法與警政領域的風險評估應用，在本質上不公。【14】
- AI 是假客觀。【15】
- AI 會規避針對種族、性別等受保障類別實施的歧視性思考防範措施。【16】
- AI 會讓人忽略 AI 開發業者其實針對如何詮釋民眾生活並將事實分類，做了相當複雜的決策。【17】
- AI 會對商業、【18】政治【19】與日常生活【20】的本質造成根本扭曲。

　　本章會對這些指控展開說明與評估。作者們認為，當中有些指控確實比其他指控更有害，有些則是機率推理的錯誤應用，但可以被修正。

排除人的因素

　　日常情況下，人類決策已夠準確，但遇到重大場合（要替誰做心臟繞道手術？要判誰去坐牢？），直覺判斷卻不夠可靠，理由如同前述。此外，人類尚有偏袒的問題，信念容易受到願望左右（又稱為一廂情願）。可能是因為演化的關係，人類強烈渴望將自我利益擺第一，近親擺第二，【21】再來才是顧及自己所屬的社會群體。【22】遇到重大場合時，人類會藉由各種方式克服這個問題，像是透過陪審員與董事投票，讓個人偏好被抵銷。社工利用檢核表評估對象，則屬於結構化決策。許多情況下，法官等專家在決策時被規定要說明理由。然而這些機制既繁瑣，又容易出錯，還會讓人受騙。從第二章可以知道，人類擅長合理化自己的決策，讓決策看起來比實際更高貴且合

理。即使事先被警告要小心無意識偏誤，也無助於讓人變得更客觀。甚至專家在使用檢核表這類結構化決策工具時，也會耍詐，目的是確保結果符合專家的直覺判斷。[23] AI 的願景之一，就是要在這些重大場合排除人的因素，讓可靠且公正的演算法取而代之。然而，從 AI 排除人類偏誤乍看簡單，實則不然。機器學習雖然非常厲害，建置與訓練系統的方式卻要靠人來決定，而建置與訓練過程中有可能會發生偏誤。第二章提到的「過程」透明，於是格外重要。

電腦科學家總是愛說，偏誤本身不是壞事，它是人類思考的方式，也是現代機器學習系統之所以如此成功的原因。Amazon 商城之所以能夠合理且順利預測到讀者想讀的下一本書，就是靠讀者購物紀錄的統計規律所呈現出閱讀喜好這種偏誤。這種偏誤可以用於眾多演算法的開發，不限於社會分類、市場區隔、個人化、推薦功能與流量管理。然而要善用資料中的偏誤，有許多判斷要做。

以非監督式機器學習而言，開發商得要判斷要解決什麼問題。若想開發一套評量求職者的系統，便須了解想使用系統的企業所遇到的人事難題，並且區分輕重緩急。求職者的技能是否與職務內容顯不相符？員工離職率是否太高？職場環境要更多元嗎？確定要解決的問題之後，才去從資料集找出符合這些問題的規律。至於能否順利找到規律，端視系統是以哪些資料進行訓練。資料蒐集與組織的方式是什麼？資料集是否多元到可以正確呈現演算法的使用者與運用對象的樣貌？設計用來偵測芝加哥犯罪情況的系統，拿去用在紐約，結果會一樣好嗎？又如果用在孟買呢？

至於監督式機器學習，訓練演算法的方式則是要在它答對的時候，告訴它有答對。故首先要定義何謂成功。如果是訓練臉部辨識系統，何謂成功不難定義，但交友應用程式（App）呢？這就要去看使

用者想透過交友 App 達到什麼目的，才能判斷成不成功。是想找人生伴侶嗎？如果答案是肯定的，則民眾在 App 上提供的資訊是否與交往時間長短有不錯的相關性？當然，什麼樣子的交往關係才算是「好的」，肯定會莫衷一是，畢竟不同人對於人生伴侶的要求不同。但也許資料確實藏有**某種**相關性。如果沒有的話，是否就該降低預測目光，從預測終身伴侶改為預測能夠持續約會，從而決定不去顧及追求長期感情關係的人的需求？擁有這項工具的業者，又會向使用者揭露自己顧及哪些人的需求，以及揭露到什麼程度呢？

使用者在與 AI 互動過程中所做的抉擇，以及使用者對於 AI 反饋的詮釋，則會進一步影響人類對於演算法開發方式的抉擇。儘管 AI 愈來愈擅長預測與偵測，學者與記者發現 AI 會以各種出乎意料的方式讓弱者恆弱，對遠不及於人口平均狀態〔資料科學家稱之為「統計離群值」（statistical outliers）〕的少數族群與個人造成傷害。

集結過去，預測未來

偉大的棒球好手尤吉・貝拉（Yogi Berra）曾說：「預測很難，尤其是預測未來。」這句話說得一點也不錯。要準確預測未來，只能靠集結過去的認識。但資訊難免會不完整，而且品質不一。這意味著以 AI 去模仿人類預測時，演算法的產生背後，往往也是集結了人類本來想改善的直覺與偏見決策。「群眾智慧」不失為集結人類決策的有效方法，但是群眾不見得一直很聰明。只有在一群多元民眾會隨機犯錯，且各自所做的判斷可被抵銷至有效減少錯誤時，群眾智慧才會最準確。一個知名案例是 1908 年普萊茅斯郡園遊會中，有個猜中牛體重者可以抱牛回家的活動，法蘭西斯・蓋爾頓（Frances Galton）

對所有參賽者的臆測進行抵銷。但此做法只適用於所有臆測彼此獨立的情況，也就是「聰明」人無法影響其他人。[24]如果容許臆測者模仿心中認為比較聰明的人的臆測，則估算會不準確。另外一點是，即使所有人的臆測各自獨立，若每個人的錯誤臆測不是隨機，而是犯了相同偏誤，則群眾智慧也會不準確。[25]例如，人類通常會判斷深色的動物比淺色重，如此一來，園遊會在場民眾的臆測經過抵銷的結果，也會是抵銷後的偏誤。

從這兩個群眾智慧失效的事實可見，利用帶有人類直覺與推估的資料來開發預測風險模型，是危險的。人類平常決策充斥認知偏誤，偶爾會造成系統偏見，使得群眾不復聰明。因此，靠著一大群人的直覺建立的演算法，也會帶有相同系統性人類偏誤，而這正是我們所要避免的。當然，機器學習系統不只是在從事抵銷，也在做其他更複雜的事情。但不論如何，只要輸入的資料有偏誤，輸出的結果也會有偏誤。警察辦案所採用的風險預測模型，便是這種風險的明例。

預應性警政（predictive policing）是利用 AI 找出需要警方介入的對象，防止犯罪發生，並且解決已經發生的犯罪。最知名的實際例子是 PredPol，這是 2006 年洛杉磯警察局與加州大學聖地牙哥分校犯罪學家及數學家聯手開發的工具。PredPol 公司成立於 2012 年，客戶如今遍布全美超過 60 個警察局[26]及英國警察單位。PredPol 會預測未來犯罪的發生地點，有助於經費拮据的警察單位分配資源。高風險犯罪「熱點」會以紅框顯示於 Google 地圖，每個紅框實際面積範圍涵蓋 150 平方公尺。

這是個蓬勃發展的產業，除了 PredPol 之外，Compustat 及 Hunchlab 等公司也來搶食大餅，急於添加有助於警察事半功倍的資訊。如今 Hunchlab 有風險地形分析，會標註經常發生小型犯罪的提

款機與便利超商。[27] 乍看之下，這種犯罪防範方式合理且講求證據，針對的對象不是人，也排除族裔考量。根據的只是犯罪統計資料與公認的犯罪學研究成果（例如，被闖空門的機率相當取決於周遭近期是否發生入室竊盜案件）。

可別因為這些工具表面上客觀而上當。警察辦案長久以來遭遇的問題，這些工具也很難避免。警察必須判斷防範犯罪的最佳方法，但是犯罪事件的資訊卻不完整，只能倚賴犯罪通報、逮捕與定罪等資料。許多犯罪在本質上難以察覺，像是搶劫察覺易，詐欺察覺難，家暴則始終通報不足。何況許多犯罪被通報之後不會有人被捕及定罪。這意味著預應性警政工具所依據的犯罪資料，恐怕會受到個別警察的直覺偵查判斷影響，像是要找誰問話，追哪條線索等。而衡量這些直覺判斷是否客觀，乃是浩大任務。因此，儘管預應性警政看似很科學，PredPol 等公司提供的犯罪地圖也看似客觀，且以資料為依據，但我們無法確認這種工具的成果會有多客觀。難怪 PredPol 聲稱只靠三種資料（犯罪類型、犯罪地點及犯罪日期／時間）就不會侵犯隱私或公民權利的說法，公民團體並不買單。美國公民自由聯盟等 14 個公民權利組織直指問題所在，他們說：

預應性警政工具恐怕會讓人誤解，以為一個亟需重大改革的機關公正無私。美國警政不應該採用旨在維持現狀的系統。預測執法所根據的資料，像是過往犯罪通報的地點與時間，或是社區與員警通報電話的規律等，不僅嚴重不足，而且偏誤很大。[28]

外界容易以為，隨著警方執法愈常依據符合統計的演算法，愈少

倚賴員警的直覺，將逐漸不會出現前述工具背後資料遭到人類直覺污染的問題。但事實上，若風險預測模型是建立在有系統性偏誤的資料集，則偏誤不僅不會逐漸從模型中消失，反而會被強化。克里斯坦・盧姆（Kristan Lum）與威廉・艾薩克（William Isaac）的研究指出，預應性警政模型預測會發生犯罪的地點，很有可能是警方早就認定的犯罪熱點，[29] 導致這些地區被警方放大檢視，檢視發現的犯罪行為從而印證員警心中對於最常發生犯罪地點的既定印象。這些新觀察到的犯罪現象又會被饋入演算法，使得預測愈加偏誤：「形成一種回饋迴路，模型會愈來愈相信最有可能發生犯罪的地點，就是先前認定犯罪率高的地方。此乃集結了選擇偏誤與確認偏誤。」[30]

　　以上問題並非無可避免，作者們也不是主張預應性警政策略沒有益處。大家都希望重大決策要以資料為憑，而風險預測模型根據這些資料所做的預測，也很可能更加準確且可靠。只不過問題在於取得更好的資料，這也是警察辦案始終面臨的難題。同樣問題也會發生在以演算法決定銀行貸款、醫療程序、公民權、大學錄取名額及工作職缺等事項如何分配。值得慶幸的是，已經有人努力開發工具與技術，去偵測現有資料集的偏誤。截至 2019 年，Google、Facebook 與 Microsoft 等大型科技公司已宣示有意開發偏誤偵測工具，惟應留意，這些都是「自家內部」的工具。更有效的做法，或許是去針對以上企業開發的 AI 產品進行外部稽核。即使如此，偏誤偵測也只是第一步，尤其是在警察辦案領域。許多國家早就知道國內拘捕與監禁統計資料對於少數族裔的偏誤頗深，故問題重點在於：我們能否重新設計預應性警政模型，調整模型的使用規則與源頭資料的蒐集方式，起碼不要讓窮困且「犯罪橫行」的社區持續處於弱勢？

　　各國政府與公民的當前要務，是去承認並宣導會「偏誤進／偏誤

出」的演算法的危險，如此一來，演算法的建立者與擁有者將有動機去修改產品，降低偏誤。AI 依據的資料品質，會決定預測的品質，這應當成爲大衆常識。大家都有責任要當精明的消費者與選民。

　　爲更了解如何處置演算法偏誤，得先深入了解人類偏誤是如何進入 AI 開發過程。演算法偏誤有不少區分方式，以下分爲三種型態，分別是 AI **建立時**的偏誤、AI **訓練時**的偏誤，以及在特定脈絡**使用**AI 的偏誤。

內建偏誤

　　人類偏誤有些是內建，有些是學來的。有些偏誤很合理（像是「吃飯前應洗手」），有些則大錯特錯（像是「無神論者沒有道德」）。同樣道理，AI 也有內建偏誤與習得偏誤，只不過 AI 內建偏誤的生成機制，不同於人類心理捷思法與偏誤生成的演化機制。

　　其中一種偏誤生成機制，來自如何以 AI 解決實際問題的相關判斷，而這些判斷往往有著程式設計師對於世界運作模式的偏誤期待。假設要你負責設計能讓房東找到好房客的機器學習系統。請問哪些資料會有助於回答這個問題？你搞不好會挑選許多變項來訓練學習系統，如年齡、收入、現居地郵遞區號、就讀的高中、償付能力、品行，以及飲酒習慣？撇除一些通常會謊報的變項（飲酒習慣），或是法律禁止歧視性判斷的變項（如性別或年齡），你所挑選的變項很有可能某種程度是依據自己認定會影響租客行爲的因素，而這種信念會使演算法結果出現偏誤，尤其是當你遺漏了能夠眞正預測到好租客的變項，從而害到那些無法被系統顯示出來的好租客。

　　同樣問題還會發生在資料蒐集與標記方式上的判斷。這些判斷往

往不為演算法使用者所知，有些資料被判斷具有商業機敏性，有些資料則被忽略。當某個為特定目的設計的 AI，用於其他目的時——像是拿個人信評分數去衡量員工適任與否，此時若沒有將可能的偏誤記錄下來，會非常有問題。這種將 AI 從一個脈絡改編用於另一個脈絡的危險，近期稱為「移植陷阱」。[31] 之所以是陷阱，是因為挪作他用的演算法，可能會變得不準確與不公平。

以大學採用的反剽竊系統 TurnItIn 為例，業者聲稱它會海撈 95 億個網頁（包含線上課程筆記及維基百科等常見參考資料來源），還有一個資料庫會蒐集上傳的課堂論文。其廣告宣稱，每天新上傳到資料庫的學生論文超過 5 萬篇。TurnItIn 藉由交叉比對即可抓出剽竊行為。當然，拿某個學生的習作與許多也寫同樣主題的學生論文做比對時，有雷同在所難免。為了避免這個問題，系統業者決定去比對較長字串。然而專攻組織、科技與倫理研究的蘭卡斯特大學教授盧卡斯・因楚納（Lucas Introna）認為，TurnItIn 是有偏誤的。[32]

TurnItIn 旨在偵測抄襲，但是所有課堂論文多少都有近似抄襲的現象。以自己的話重新表達人家說過的概念，讓改卷者知道你理解概念，這個過程又稱作改述。研究顯示，母語人士與非母語人士的改述方式有差異。人們在學習新語言時，為了確保詞彙與句法結構表達正確，寫作時會使用自己比較熟悉但偶爾較長的文本片段，[33] 因此非母語人士在改述時，也往往會包含比較長的原本文本片段。這兩種人都是在改述，不是在作弊，只不過非母語人士始終比較會被認定剽竊。可見原本要用來減少老師不知不覺被性別與族裔偏誤影響的系統，卻會因為資料處理的方式，無意間產生了新的偏誤。

內建偏誤刻意用於商業獲利，早已行之有年，AI 史上最出色的例子，是推薦系統的開發，能夠快速有效率地讓消費者找到最便宜的

旅館、最直接的航班、最符合自己品味的書和樂曲。設計這種演算法對商人非常重要，且不限於網路銷售業者。萬一在網路上找不到業者的餐廳，業者的生意會大受影響。但隨著推薦系統深入特定行業，變得實質不可或缺時，問題會更嚴重。如果業者不只擁有推薦系統，又擁有推薦系統推薦的產品或服務時，會出現危險的利益衝突。

這個問題首次發生在 1960 年代 IBM 與美國航空公司（以下簡稱美航）聯手打造的 SABRE 機票訂位與排程系統。[34] 比起以往電話客服人員要靠座位表與圖釘作業，SABRE 系統是一大進步。但不久業者就發現，使用者想要的系統，是能夠比較不同航空公司提供的服務，於是開發推薦引擎。這就是 Expedia 與 Travelocity 等業者採用的推薦引擎的始祖。美航深知自己開發的新系統形同替競爭對手服務打廣告，故著手研究如何透過搜尋結果的呈現，讓消費者更常選擇美航。也就是說，儘管系統是根據許多航空公司提供的資訊運作，卻會將消費者的消費習慣導向有利於美航的系統性偏誤。美航稱之為**篩選科學**（screen science）。[35]

美航的篩選科學，大家都注意到了。旅行社業者隨即發現，SABRE 最推薦的選項往往比同一頁後面的選項更差。美航總裁羅伯特・克蘭德爾（Robert L. Crandall）被要求出席國會聽證，卻在作證時毫無悔意，稱「創造〔SABRE〕系統的初衷，就是要偏袒顯示本公司的航班，以提升市占率」。[36] 克蘭德爾的理由亦稱作「克蘭德爾的牢騷」（Crandall's complaint），大意是：「都花大把銀子建立演算法了，若演算法無法產生有利於我的偏誤，又何必呢？」

事後看來，克蘭德爾的牢騷很奇怪，推薦引擎的獲利方法有很多種，不一定要呈現偏誤結果才會賺錢。總之，篩選科學並未從此消失，仍然有人指控推薦引擎會偏袒其自家產品。班恩・艾德曼（Ben

Edelman）曾經整理一份研究，發現 Google 會在以下搜尋結果頁面的顯著位置置入推廣自家產品：Google Blog Search、Google Book Search、Google Flight Search、Google Health、Google Hotel Finder、Google Images、Google Maps、Google News、Google Places、Google+、Google Scholar、Google Shopping 及 Google Video。[37]

　　刻意偏誤不只會影響民眾被推薦引擎推薦哪些產品與服務，也會影響推薦服務的定價。搜尋個人化使得企業更容易採取**動態定價**。《華爾街日報》在 2012 年做過調查，發現一家叫作 Orbiz 的旅行社採用的推薦系統，會向 Mac 系統用戶推薦比向 Windows 系統用戶推薦更貴的住宿。[38]

學習謊言

　　Microsoft 曾在 2016 年推出會和 Twitter 用戶聊天的 AI 聊天機器人（chatbot），名叫 Tay（英文全名的意思是「想你」，thinking about you），原本的設計是要模仿一個 19 歲美國女孩的語言習性。Tay 是很先進的學習式演算法，除了談吐風趣，對人、對事似乎也有自己的想法。[39] 起先實驗很順利，卻在幾個小時之後，Tay 的推文變得有敵意，朝歐巴馬總統等人謾罵，胡謅事件，挑撥族裔情感。直到 Microsoft 關閉聊天機器人以前，Tay 在十六小時之內發布 9 萬 3,000 則推文，除了主張發動種族戰爭，替希特勒辯護，更宣稱九一一事件是猶太人幹的。[40]

　　究竟是哪裡出錯？對此 Microsoft 僅稱「是一小群人找到 Tay 的弱點，協同展開攻擊。儘管事先已針對各種系統濫用情況有所防範，卻遺漏這一種要命的攻擊型態」。[41] Tay 確實是被酸民攻擊，酸

民也是故意提供錯誤且令人反感的資訊給 Tay。但更重要的問題在於，Tay 根本無法得知酸民是酸民。Tay 被設計要去學習，卻又礙於 Microsoft 宣稱的弱點而無法衡量吸收到的資訊品質。顯然 Tay 缺乏一個真正青少年所該具備的複雜認知能力，以及社會環境脈絡與教育背景。簡而言之，Tay 能夠學習，但不會思考。

序言曾經提到，也許有一天人類會發明能夠理解自己在說什麼，且複雜到能夠衡量吸收到的資料是否正確的通用 AI。但目前離目標還很遠，直到那一天來臨以前，人類只有功能有限的 AI。這種 AI 只能靠人類提供正確且相關的資料，而且會出現各種差錯。

網路上的謊言受害者，遠遠不只是 Tay。像是在交友網站填寫假個資，或是在 TripAdvisor 給旅館留下假評論，總是有許多人喜歡向推薦引擎謊報資訊。儘管機器學習開始可以用來偵測網路謊言，但精明的民眾在逛這些集結大眾評論的網站時，多半還是會對其意見有疑慮。

更讓人擔心的是「選擇」（或「取樣」）偏誤問題，即訓練資料集的資料僅正確反映母體的局部面貌，而非母體全貌。最近一個有名例子，是 Nikon 相機的亞洲用戶不滿被相機軟體誤認自己在眨眼。[42] Amazon Alexa 等採用語音辨識科技的產品也遇到無法辨認用戶口音的客訴，這類產品特別不擅長西語裔及美國華人的口音辨認。[43]

這些狀況如果出現在重大場合，後果可能會很嚴重。如今人們會固定利用人臉辨識系統檢視閉路電視影像畫面，研究則顯示人臉辨識系統格外容易受到訓練資料中種族與性別多樣性的影響。[44]難怪若是為了警方執法用途，而以犯罪資料庫的資料去訓練上述演算法，則演算法在辨識不同群體的人臉時會有偏誤，會更常舉報男性而非女性；更常舉報年長者而非年輕人；也會更常舉報白人以外的亞裔人、

非裔美國人等種族。[45] 這會使得女性與少數種族更容易遭到誤控或不必要的訊問。

我們是否太過苛求人臉辨識演算法的設計者？畢竟人類在辨識人臉的時候，也會出現類似問題。「他族」效應指的是人類比較擅長辨認同族的人臉。[46] 故問題不在於 AI 會犯錯，因為人類也會犯錯。真正的問題在於，人們在使用 AI 系統時，可能會以為系統沒有偏誤。即使他們知道系統有選擇偏誤等問題，也不見得有能力去判斷偏誤的強度與方向。

儘管如此，還是有好消息。只要妥善訓練，這些系統還是能表現得比人類更卓越。在提升用於訓練演算法的資料庫的多樣性及代表性方面，仍有不小改善空間。儘管礙於反歧視法及智慧財產權法（如圖像版權）的保護，優良品質的資料不是太好蒐集與處理，卻並非無法克服。[47] 民眾在購買或使用這種系統時，也可以特別去問系統開發商有何具體措施確保系統公平。

使用脈絡的偏誤

2015 年有一份研究指出，Google 廣告投放系統會在人力銀行網站對男性求職者刊出較高薪資的職缺。[48] 這可能代表演算法有內建偏誤，或者演算法訓練時採用的訓練資料集有選擇偏誤。撇開這些不論，該現象可能另有隱情——既細微，又（某種程度上）顯而易見的隱情。所有國家都有兩性同工不同酬的現象，系統可能正確偵測到女性薪資水準平均比男性低的事實，卻偵測不到這個世界不公平。女性並非因為能力不足才比較少從事高薪工作，而是歷來性別刻板印象、歧視與結構不平等使然，如今社會才正要開始有系統地去應對。

對於開發與採用預測型演算法的人而言，這是一記當頭棒喝，他們必須理解，「中立」科技用在特定情境也會延續、甚至合理化不公義。使用演算法時，必須留意社會變化。

　　遺憾的是，這個問題很難處理。演算法訓練時採用的訓練資料集，雖然排除得了性別與族裔等變項，卻很難排除這些因素對資料集的影響。設計 PredPol 的業者雖然刻意排除族裔作為未來犯罪地點的預測變項，但是 PredPol 畢竟是地理系統，而地理與族裔之間有強烈相關性。在數據資料科學家的眼中，地理是族裔的**代理變項**（proxy variable），因此使用系統時，會導致警方經常放大檢視少數族群。

AI 能做到公平嗎？

　　據開發商 Northpointe（後更名為 Equivant）宣稱，COMPAS（替代刑罰矯正式罪犯管理分析，Correctional Offender Management Profiling for Alternative Sanctions）是全美刑事司法單位採用的「風險與需求評估工具」，可「用於判斷罪犯之處置、監管與案件管理」。[49] COMPAS 有兩個主要風險預測模型，一個是用來預測囚犯整體的再犯可能性，另一個是用來預測特定殘暴囚犯個別的再犯可能性。模型設計細節雖然是商業機密，但就作者們所知，囚犯要填寫很長的問卷，再根據填答結果產生 1 到 10 分不等的風險評分，並將評分運用在許多司法場合，等同於是決定囚犯的監禁地點與出獄時間。

　　獨立媒體 ProPublica 曾在 2016 年對佛州布勞瓦德郡 1 萬多名刑事犯從事兩年研究，當他們比較預測再犯率與實際再犯率之後發現，「黑人被告被誤判再犯風險較高的可能性，遠高於白人被告。白人被告被誤認再犯風險較低的可能性，則遠高於黑人被告。」[50]

　　面對這個指控，Northpointe 強烈否認，直指 ProPublica 的調查有技術錯誤（ProPublica 則是否認），也未考量黑人囚犯的整體再犯率確實較高。但 ProPublica 未被說服。非裔美國人貧窮的可能性較高，導致受教育的機會跟著減少。這些人也比較可能住在工作機會較少、犯罪率高的社區。如果這些真的是他們再犯率較高的原因，則透過演算法讓他們更難獲得假釋，形同二次懲罰，並不公平。Northpointe 與 ProPublica 的爭論，說穿了是雙方對於如何確保 COMPAS 這種演算法的公平性，看法不同。

　　開發「更公平」的演算法雖然可行，問題在於有各種演算法可以用來詮釋公平，而且互相衝突，不可能全部滿足。機器學習領域所談的公平，有三種常見定義：

- ‧確保族裔與性別等受保護的特徵（以及特徵之代理變項），不會用於決策。又稱為禁止分類（anti-classification）。
- ‧確保具有相同受保護特徵的群體，在以常見方式（例如：偽陽性率及偽隱性率）呈現預測表現時，各自結果是相同的。又稱作分類平等（classification parity）。
- ‧確保風險估值所代表的意義，不會因為當事人具有不同受保護特徵而有區別。例如，不論被衡量的當事人屬於哪一個族裔、哪一種性別或其他受保護特徵，只要再犯評分很高，就代表有相同的再犯案可能性。又稱作校正（calibration）。

　　有學過高中數學就會曉得，如果不同母體（如族群）的事件發生率（又稱作「基準率」）有差異——像是再犯率有差異——以上標準便不可能同時符合，有些標準是互斥的。[51] 即使 Northpointe 可以從 COMPAS 校正良好的角度主張 COMPAS 沒問題（不論群體身分為何，風險評分代表的意義都是相同），[52] ProPublica 仍可主張

COMPAS 有偏誤，因爲沒有做到分類平等〔確切來說，是**錯誤率平衡**（error rate balance），也就是各群體的僞陽性率與僞隱性率都一致〕。前面提過，ProPublica 發現同樣是以 COMPAS 進行對象評估，黑人卻比白人更容易被誤判爲高風險族群（意即兩個族群的僞陽性率是不同的），白人則更容易比黑人被誤判爲低風險族群（意即兩個群體的僞隱性率是不同的）。事實上，兩者基準率只要不同，便不可能同時達到校正平衡與錯誤率平衡。而基於種種原因（像是向來會偏頗辦案），美國黑人與白人族群的再犯基準率**確實**不同。

此外，公平性與準確度也會出現取捨問題，以 COMPAS 爲例，按照禁止分類的規定，使用的資料不得包含種族的代理變項。惟先前提過，種族與民衆許多重要特徵極爲相關，如收入、教育程度與地理位置。如果排除這些變項，恐怕會讓演算法變得更不準確，也更沒有用。

從最近資料科學研究成果可以知道，公平概念的衝突不只會發生在 COMPAS 的案例，也不是因爲演算法設計不當才會出現這種衝突，而是因爲以上講究公平的特色差異在邏輯上互不相容。學者指出：「演算法與人類決策再怎麼追求公平，總會面臨數學極限。」[53] 此外，衝突也不全然是技術層面，也有政治層面。這有賴於知情討論與透明民主辯論，以便對不同公平標準做出抉擇。

小結

本章談了各種意想不到的 AI 會有偏誤、不公平與有害的狀況，看似對 AI 的開發者不公平。惟作者們並非要敵視新科技，也無意認定 AI 本身有問題。其實人類推理也會受到這裡談到的許多問題影

響，而不只是 AI。至於禁止分類、分類平等與校正三者互不相容，則是公平本身的特性，與 AI 無關。人類看待決策公平的觀念互有衝突，這種衝突會顯現在落實觀念的統計規則。同理，演算法偏誤是附著於人類偏誤，而且某種程度上，人類偏誤比演算法偏誤更差。人類偏見背後的通用思考不僅有害，也不理性，往往是不自覺，且不注重反證。相較之下，許多 AI 偏誤可以被偵測，基本上也可以補救，惟補救不易。演算法不可能做到完全公平，提升演算法公平的做法（例如禁止分類）會導致演算法變得較不準確。

　　總歸來說，責任在民眾身上。身為消費者與選民，民眾得要去討論並決定要以哪一種公平衡量各種 AI 應用領域。這也意味著民眾自己要去決定準備忍受多少不公平。

第 **4** 章

責任與法律責任

　　隨著電腦系統日趨聰明，最令人感到不安的，莫過於所謂會侵蝕人類責任。全球在談的致命武器運用，便是這個重要問題的鮮明例子。假如武器系統是靠複雜且恐怕不透明的機器學習科技運作，而且不久的將來可以自主決定何時朝目標開火，那麼還可以要求人類為採用這種武器系統的戰爭罪行負起實質責任嗎？撇開戰爭這種涉及人命的例子不論，其他不涉及人命、但先進系統仍會對人民與社會產生重大影響的領域，如警政、交通、醫療、金融服務與社群媒體等，也有類似顧慮。假如 AI 科技能夠在無需人類直接干預的情況下做決策，且決策複雜或快得人類難以正確理解、預期或改變時，還能夠要求人類對系統的行為負責嗎？我們**會想要求**人類負責嗎？有什麼替代方案？**機器**能夠負責嗎？

　　責任的真正意義究竟是什麼，又會因為 AI 的哪些特質影響現有責任分擔的方式？責任會突然消失嗎？還是會逐漸消失，或是會出現其他狀況？本章會探討其中幾個問題。首先從各種責任概念談起，包含道德責任與法律責任，接著探討科技對這些概念產生的幾種影響。最後再聚焦與 AI 領域進展有關的各種責任面向討論。

解構責任

　　多數民眾**覺得**自己明白責任概念，責任一詞在道德哲學、法律研究，甚至是日常對話中，往往與「課責」、「法律責任」、「可責性」、「民事義務」（obligation）及「義務」（duty）等詞交替使用。[1] 然而這些詞彙有細微差異。且看以下哲學家哈特（H. L. A. Hart）寫的一篇（虛構的）船長短文：

身為船長，〔他〕有責任（responsible）維護乘客與船員的安全，卻在最近一次航行每晚喝得爛醉，造成（responsible）船隻失事，全員喪命。據說他發瘋了，醫師卻判定其行為具有可責性（responsible）。他在整段航程中的行為表現不甚負責（irresponsibly），擔任船長以來發生的諸多事故，也顯示他不是負責任（responsible）的人。他始終將船隻失事歸咎於（responsible）不尋常的冬季風暴，法院卻判定他要為過失行為負起（responsible）刑事責任，民事訴訟也判定生命財產損失由他負起（responsible）法律責任。他至今仍在人世，要為許多女性及孩子的死背負（responsible）道德責任。[2]

　　哈特的故事讀來引人入勝，雖然不該如此。總之，這篇短文生動傳達一個重點，那就是責任是複雜且多重面向的概念。責任可以是指肇因，如冬季風暴造成船隻失事；可以是指法律責任歸屬的正式機制；可以是指性格特徵；也可以是指船長基於專業職責的義務及民事義務。或者同時包含以上概念，或者指涉其他概念。責任本質上是分散的，事情很少能夠歸咎於一個人或單一因素。船長既然有酗酒紀錄，為什麼還讓他當船長？為什麼沒有發現這一點？誰認定船長適格？篩選標準是誰設計的？

　　本章不會探討哈特在故事中提到的每一種責任型態，而是將焦點放在道德責任與法律責任，因為這才是 AI 的重點。先來探討兩者的區別。

　　首先，道德責任往往（但不一定）含有**前瞻**性質，法律責任則多半（但也不一定）是**回溯**性質。[3] 這一點很重要，因為這兩種責

任型態的許多差異都來自這個關鍵區別。那麼，前瞻與回溯是什麼意思？

　　前瞻責任是指預期要承擔的義務。正常來說，人們會期待彼此留心，以禮相待。開車時，人們負有各種義務，對象有行人、機車騎士，以及公共或私有財產所有權人。在職場上，會預期自己被以職業禮節對待。從事商品與服務交易時，也會本能地期待業者注意建造組裝安全。至於自主系統，則會期待軟體工程師在寫程式時有考慮到設計判斷的相關風險。假如工程師知道信用風險評估工具有可能會對特定族群不公與不利，便有責任——即使不是法律責任，也有道德責任——去調整系統，減少不公平的偏誤出現的機會。以上前瞻責任談的是未來事件，也是使用手冊、專業準則、相關規則、訓練計畫與企業政策的基礎。

　　回溯責任則不一樣，關係到的是已經發生的事件，要回頭去看每個責任環節，確認錯誤在誰的身上，誰應該替行為負責。回溯責任最終多半會形成法律責任（見下方說明），或者形成某種正式或非正式的清算。

　　道德責任與法律責任還有哪些其他區別？且先退一步思考。

　　任何責任都可以從責任生成之關係，以及責任在關係中之歸屬來檢視，因為責任終究是一種關係概念，談的是人們相欠之事，以及彼此提出的合理主張。

　　責任關係有幾個要素，基本上可分為：

・**主體**，即實施行動的人或群體。

・**受體**，即行動針對的人或群體，或是受行動影響的人或群體。

・**評判者**，即判斷誰應該負責的人或群體（可以是由主體反省自身行為，也可以是由法官、一般大眾或其他實體評判）。

．**執行機制**，即實現責難或讚許的方法（評判者會依照廣受認同的裁決標準，指定誰是責備、嘉許甚至懲罰的對象）。

基於要素組合不同，一段關係中的責任會有差異。比方說，法律責任往往會時而落在主體身上，時而落在受體身上，端視脈絡而定。但首先來看道德責任。

傳統道德哲學觀念下的道德責任是以人爲中心，[4] 自由民主社會更普遍認爲人類具有自主性與自由意志，從而構成承擔道德責任的基礎。人類與機器或動物的區別，就在於具備這種能力。有自主性雖然很好，卻**有但書**。在沒有外在逼迫或強制民眾不能自己做決定的情況下，既然替自己做決定，就**必須**承擔自己選擇的後果。擇己所愛與扛下責任，乃是一體的兩面。

除了自主性是課予道德責任的必要條件（第七章會再詳述）之外，道德哲學也常提到另外兩個條件，[5] 一個是主體的行爲和事件結果需有因果關聯，一個是主體要能夠預料自己的行動可能的後果。一個人必須要清楚自己有辦法改變事件結果，從而（某種程度）能夠預料自己行動的可能後果，才能要其負起道德責任。責怪不知道自己的行動會造成傷害的人，並不合理。

道德哲學界對於以上三個條件的確切意義，以及是否適合當作責任基礎，仍然爭論不休。許多問題至今沒有答案，像是：人的行動**眞的**自由嗎，還是多半是被自己的天性、後天教養與文化決定？人**眞的**控制得了事件結果嗎？人能夠認知事件結果到什麼程度？儘管如此，所有爭論都有一個共同特點，那就是都是以主體爲中心。這一點倒是沒有爭議。爭論都是側重於可以合理課予主體責任的條件，如心智健全，而不去談受體，或者會視受體爲被動、外在且欠缺獨立影響力的要素，而不予重視。至於評判者——如道德哲學家、專家意見，乃

至廣大道德共同體——也被視為抽象且不重要的實體。

　　有些型態的法律責任，對於責任關係的認定較為寬廣。儘管法律責任與道德責任有關聯，兩者也可能重疊，但基本上是兩回事。一個人可以負法律責任但不負道德責任。許多國家的汽車駕駛人即使不須替交通意外事故負道德責任，仍須負法律責任。[6] 事實上，「意外事故」一詞說明了事件的隨機與偶然特性，沒有人可以歸咎。比方說，開車途中被蜂螫，車子轉向撞上來車。假如被螫到的部位是眼皮，窮盡預防措施也無法避免車禍，則駕駛不應該受到道德責難。相對地，社群媒體平臺業者雖然有處理假新聞問題的道德責任，卻在許多國家中沒有法律責任要這麼做，不須為不實資訊造成的傷害負法律責任。

　　法律責任基本上是設計用來規範公民行為，[7] 故其型態會隨著司法體系以及要規範的行為態樣而異。比方說，刑事責任主要側重於主體的行為與心理狀態（比較接近道德責任），民事責任則側重於受體承受的後果，而且重視損害要公平分擔。[8]

　　連在民事責任領域以內，側重的重心仍有可能改變，無法僅憑案件是「民事性質」或「刑事性質」預測誰會承擔後果。以**過失為前提的法律責任**（fault-based liability）**與狹義法律責任**（strict liability）為例，前者要求必須證明當事人確實做錯事，或者疏於採取某種行動。要有證據顯示事件結果與當事人的作為或不作為具有因果關聯，才能要求當事人負責。民眾都期待製造業者確保所售產品安全無虞，如果微波爐有瑕疵，且可以證明業者未採取合理預防措施減少損害風險，即可要求製造商負責。然而，證明行為（或過失）與結果之間存在因果關係並不容易，使得被害人很難獲得損害賠償。這形同是由被害人承受後果，許多人認為並不公平。

　　反觀狹義法律責任，則可弭平以過失爲前提的法律責任之不公。儘管狹義法律責任不只一種型態，但基本上都不須證明有過失。以過失爲前提的法律責任注重的是主體的行爲與意圖，以及主體多大程度能夠左右事件結果。狹義法律責任則是將重點放在受體。以商品瑕疵造成人身傷害爲例，被害人只須證明商品有瑕疵，且該瑕疵造成人身傷害即可，不須證明製造業者有過失──即未採取合理措施預防人身傷害。這種型態的法律責任可以讓被害人更容易獲得賠償，而且將局部負擔從被害人轉移到更適宜吸收代價的行動者身上。

　　有些狹義法律責任甚至不限定被害人須是個人。受體也可以是群體、社會，甚至是環境！以人權爲例，法律學者楊凱倫（Karen Yeung）指出，破壞言論自由的行爲即使沒有確定的被害人，也有責任問題，而且不須證明有過失。[9] 由於法律責任會考慮主體、受體、社會與損害分擔的公平性，因此它比道德責任更廣。

　　道德責任與法律責任的另一區別在於，道德責任多由個人承擔，至於企業或財團，則不乏因爲違反消費者安全規定或環保法規等不當行爲，而被課予法律責任，命其支付上百萬元損害賠償或罰款。

　　最後一個重要差異則是，確立法律責任時，制裁本身（如罰款、賠償等）與決定制裁的評判者（法庭或地方政府）也扮演重要角色。結果由**誰**決定，和結果**是什麼**同樣重要。一個有過失的企業被商業競爭對手譴責只會覺得不痛不癢，卻會重視最高法院的判決。在法律上，制裁非常重要。前面提過，法律責任多半屬於回溯責任，要求主體賠罪。而制裁，則通常是針對違反前瞻義務所施加，惟著重於罰錢（懲罰）、放棄（追繳）或償還（回復原狀）。這些是法律責任的特色，道德領域不一定有，尤其是制裁。當然，道德譴責對於道德有過失的人的影響力，會相當程度取決於**誰**來譴責。像是老師訓斥孩子的

效果，就會比孩子的父母大。儘管道德譴責有其社會後果，如排擠、名譽損害等，這種「制裁」卻多半是非正式、未經規劃且非結構的（有別於被罰五十小時社區勞動），通常源自人們自認遭到不當對待時由直覺產生的憤恨。

科技與責任

哲學家卡爾・米察姆（Carl Mitcham）指出，科技與責任似乎隨著工業革命與自由主義民主社會的出現而共同演進，[10]工業科技的引進帶來真空，責任則填補了這個真空。科技使人類能力大增，能夠做到以往做不到的事，也有龐大力量能夠控制自然與人類彼此。隨著控制之臂變得更長，行動與結果之間的距離愈來愈遠，該如何制衡與日俱增的力量，日漸引發外界討論。而責任，即是一種解決之道：權力愈大，責任愈大。

米察姆透過此番觀察強調，科技與責任之間的關係是特殊的。科技的引進改變了人類活動，從而影響責任承擔的條件。以道德責任來說，科技除了影響事情能夠被人類控制的程度，也影響人類行動自由的程度。此外也影響人類行動與結果之間的關聯，以及影響人類預見行動後果的能力。以下將逐一討論。

行動自由

科技會影響民眾做知情選擇（informed choices）的自由。科技雖然可以提升民眾的能力，讓民眾有更多選項可以選擇，卻也經常限制這種能力與選項。民眾樂在網路世界暢所欲言，揮灑資訊的同時，網路上的個資也會被蒐集起來，轉化為投放演算法，從而限制住自己

能夠接觸到的機會、意見觀點與廣告。這一點會在第六章與第七章詳述。

　　另一個例子是可以有效率處理大量案件的自動化行政系統（見第八章），該系統是**設計**用來減少基層公務員逐案進行裁量判斷。[11]科技讓人如虎添翼的同時，也會讓人受制於它。科技愈是厲害，愈難不靠科技管理，這會使人產生依賴。現在不到 25 歲的年輕人**看過紙本地圖**嗎？就連 25 歲以上的人都不得不承認，沒有手機上的 Google 地圖，生活會更不方便。

因果關聯

　　科技會模糊人的行動與最終結果的因果關係。人們如果難以控制事情走向，理應不受責怪。從這個角度來看，複雜科技系統實在問題重重，因為系統成功的背後，往往集結眾人的貢獻。要從參與科技系統開發與運用的一群人中找出應該負責的人，是有困難的，又稱為**聯手的難題**。[12]在高度運用科技的環境中，責任歸屬是一大難題，因為沒有一個人能夠完全控制或者知道事情最後會如何演變。飛機要在空中不落地，靠的不光是飛機駕駛，飛機是出了名的複雜，牽涉到許多子系統與人員，卻沒有一個人能夠直接影響整體狀況，也沒有人完全了解零組件的運作。飛航安全的確保，乃事涉航管人員、飛機保養人員、工程師、經理人與主管機關。個別出現的微小錯誤不致釀災，惟事故是微小錯誤的積累。意思並非沒有人應該負責。每個角色都對結果做出微小貢獻，對於結果也應該負起**某種程度的**責任，只不過因為這件事本質上是集體合作的成果，因此很難去區分個別貢獻。其困難程度**不亞於**要從綜合果泥中去篩出香蕉、莓果與奇異果！

　　除了聯手的難題，科技也會造成人與行動後果之間出現時間距離

感與物理距離感，模糊行動與事件的因果關聯。人類活動因科技得以橫跨時空實現，例如，可以透過傳播科技和世界另一端的民眾互動，而這種距離會限制或改變主體對於行動後果的感受，從而降低他們自認應該負責的程度。比起當面與人交談，發一則刻薄推文容易許多，因為幾乎看不見行為的後果。同樣道理，自動化決策系統在事前已由設計者決定決策規則，設計者卻幾乎不知道決策會給民眾帶來何種衝擊，且衝擊後果往往要在多年以後才會浮現。

　　還有一個原因會讓設計者做的抉擇，和抉擇所導致的後果之間關聯更加模糊：科技設計是一回事，科技會如何被運用是另一回事。民眾基本上仍可自行決定使用科技的時機與方式，甚至可以將科技用在設計者意想不到之處。學生有了手機之後，不再需要彎腰站在圖書館影印機前好幾個小時。想要的頁面都可以透過手機拍下來，哪裡還需要影印機？工程師當初在手機上添加相機功能時，有想過手機會取代影印機嗎？說不定有，但八成不是每個人都想過，也不是他們最在意的事。

預見行動後果

　　科技的距離效果除了會增進與限制人類活動，也會影響人們與未來的關係。飛機駕駛艙內的各種感應器與量測儀器可以將觀察到的飛行高度與俯仰角度轉換為數字與指示符號，以利駕駛了解狀況，也更能夠讓駕駛預見決策的後果。但另一方面，駕駛對於科技背後的運作機制、假定、模型與理論根據，卻也不是完全理解，這種不透明的可能性，會阻礙駕駛人判斷決策的後果。

　　科技的新穎性也會影響人的先見。必須靠知識、技能與經驗，才能在運用科技時展現自制，以及理解科技在不同狀況下的模樣。有些

科技的學習曲線比其他科技陡峭。一般來說，經驗不足是最大問題。

　　這裡需要再次強調，責任並不會因此消失。面對聯手的難題，人類已經提出相當有效的做法，讓多重行動者各自分擔責任，包括法律責任、道德責任與專業責任，而這些責任會截長補短。有些責任並不要求當事人對事情直接或完整控制，甚至當事人不須預見可能的後果。如果是因為科技的關係，使得整個環節中的個人無法發揮自主性，責任就會改由環節中更上層的角色來承擔。畢竟要有創造科技與實現科技的人類主體活動，科技才會對人類行為造成影響。人類之所以創造及運用科技，是為了在這個世界產生某種效果。科技本身即蘊含開發者要影響使用者的意圖。有了這種控制與權力，必然要伴隨責任。惟未來是否依舊如此，得視未來科技所能具備的主體性而定。

AI 與責任

　　如前所述，科技進展引發責任顧慮已久，惟 AI 科技帶來新的難題。AI 在「質」的方面不同於其他電腦科技，因為 AI 科技愈來愈複雜，會從經驗中學習，而且有著近似自主的特性。如果這種科技愈來愈能夠在毋須人類直接控制或干預的情況下自行運作，軟體開發商、營運業者或使用者將難以掌握及預測其行為，以及於必要時刻介入。有人主張，既然這種科技日益複雜，更加自主，很難合理要求人類為差錯負責。哲學家安德雷亞斯・馬地亞斯（Andreas Matthias）稱之為「責任缺口」（responsibility gap）：科技愈自主，人類愈不應該負責。【13】於是有人認為，到了某個地步，應該賦予 AI 科技某種法人地位或道德主體性，命其負責。【14】在繼續探討這項主張以前，先來深入了解所謂「責任缺口」的內涵。

　　責任缺口的概念建立在幾項有關責任的預設。首先，人要能夠直接控制自己的行動後果，才能命其為行動後果負責。然而前面提過，許多責任概念並不以直接控制為要件，這種責任概念較為狹隘，未能確實反映許多情況下責任的處置。

　　「責任缺口」的另一預設，則與 AI 自身有關。AI 在相關爭論中常被視為獨立龐然大物，能力猶如人類，但這種設定無濟於事，更會產生各種誤導。第一個是忽略科技所處於的廣大脈絡，以及人類「隱身幕後」。[15]目前 AI 科技得靠相當多的人類作業，才能夠獨立運作。不僅要靠人類設計、開發、設置與操作系統，人類還得要自我調整，同時調整環境，才能確保科技順利運作。例如，無人車會涉及行駛的道路，以及路上騎士與行人的利益。無人車行駛的環境之所以受到法規規範，其目的在於降低風險，並且平衡環境中各個角色相衝突的利益。簡言之，自動化科技要靠許多人做出許多決策才能運作，因此可以根據決策的抉擇對人課責。

　　之所以會有「責任缺口」的顧慮，也很明顯是因為預設機器自主性等同於人類自主性。但兩者其實有重大區別。人類自主性是複雜的道德與哲學概念，談的是身為人的意義，也是各種權利與義務的基礎。人類自主性預設人類具備某些能力，據此聽命於自己的決策，而這些能力應該獲得尊重（見第七章）。

　　至於機器自主性，一般係指機器可以在長時間不受人類干預的情況下自行運作，可以受託執行工作項目且毋須人類操作者頻繁修正系統行為。工作項目如開飛機、道路行駛、股票交易或生產監控。機器自主性多半涉及明確且可完全自動化的流程。從這個角度來看，自主性形同最高等級自動化，談不上有自由意志，也與相似道德哲學概念無關。

　　如果是懂得學習並適應環境的 AI 科技，確實會讓機器自主性與人類自主性的區別變得模糊。系統若是透過明確流程自動化，相對比較容易預測。反觀有些系統會從經驗學習並做出超出原本程式安排的行為，彷彿擁有「獨立心智」。外界讚不絕口的西洋棋及圍棋下棋系統 AlphaZero，就是不需倚賴人類引導也能無師自通的例子，連系統開發者也摸不著頭緒它是怎麼辦到的。這種系統的行為，還可以要求人類負實質責任嗎？

　　其實，這種系統再怎麼厲害，其行為仍然脫離不了人類在操作上的設定。系統的開發有賴於人類付出相當程度的專業與精力，系統才能正確運作。人類除了需要仔細建構、修改與微調演算法之外，也要去挑選並備齊訓練資料。[16] 重點在於，人類主體仍然在某種程度上可以控制系統，所以也要負起某種程度的責任。AlphaZero 顯然不懂得自己在下圍棋，也不曉得大家在圍觀。它不懂得什麼是「棋局」，也不懂得「下棋」是什麼意思，遑論對輸贏有概念。它只是因為被設計要下棋，才會去下棋。

　　當然，AI 如果演變得更強大，也有可能會影響既有責任分擔的方式。隨著 AI 科技日趨複雜，加上從開發者的決策到抉擇導致的後果之間距離愈來愈遠，將會挑戰現有觀念，包括誰該負責，為什麼要負責，以及要負責到什麼程度。而這就是重點所在。重點不是人類責任不再有意義，而是**哪些**人該負責，責任**內涵**又是如何。新科技的引進會讓工作事項重新分配，責任也會跟著從環節中某個人物移轉到其他人物身上。隨著人機系統變得更複雜、更龐大，就更可能出現更多人聯手參與的情況，有些人可能不再強大，裁量空間變得更窄，有些人則會擁有更多籌碼。不論如何，演算法的訓練方式、運用時機，以及如何與現有做法結合，仍然是由人類決定。人類會決定可被接受的

行為態樣，以及當系統逾越可被接受的行為尺度時，要如何反應。

確定誰該負責，以及要如何負責，做起來並不容易，也一定有不妥當的處理方式。責任缺口顧慮的反面，就是**搞錯**負責對象，也就是麥德蓮・艾莉希（Madeleine Elish）所稱的「道德替死鬼」（moral crumple zone）。有些人不太能夠、甚至無法控制自動系統，卻被認定有責。艾莉希指出，由於系統複雜，媒體與大眾多半會去怪罪離他們最近的操作者，如飛機駕駛或維修人員，而非怪罪科技本身或者決策環節中較高層級的決策者。【17】

AI 的出現與 AI 帶給現有課責方式的挑戰，引發幾個重要問題。科技日趨複雜，責任該如何妥當分擔？控制自動系統代表什麼意思？如果無人車的行為不再與駕駛人有關，責任又該算是誰的（或算是**哪個東西的**）？畢竟責任歸屬不像是森林中一棵樹基於重力、濕度、風等自然力量傾倒般，發生得理所當然，而是要靠人類積極協商，去駁倒對立主張，同時注意協商結果對社會的影響。

責任協商

既然無人車的行為不再受到駕駛人積極控制，要求駕駛人負起法律責任是否合理？又或者，法律責任應該移轉到無人車製造業者，還是其他角色身上？假如無人車軟體會根據環境與其他用路人狀況自行學習，*1 是否仍然可以要求無人車製造業者為車輛事故負起法律責任？現有法律責任相關規定是否仍然適用？或者需要修正？製造業者

---

*1 無人車開發至今，並非每一種都可以自行學習。所有無人車出廠時都搭載訓練好的演算法，該演算法所依據的訓練資料，可能是來自實際上路的車輛。即便如此，演算法一定是在工程師團隊的監督下進行訓練學習。

的法律責任以往多屬狹義，而且有意思的是，狹義法律責任起先的界定，是物質行為（如危險化學品）或動產（如綿羊逛大街）在主控者不知情的情況下產生危害。這和機器學習演算法自己學會分類且執行相關程序，做出程式開發者未曾要它做的「無心」獨立行為，何嘗不相似？這難道表示製造業者就該負起狹義責任嗎？

　　一種看法是不需制定新法，因為憑著以過失為前提的法律責任與狹義法律責任等既有法律體制，即足以應付無人車的問題。此類看法認為，製造業者最該做的，是在製造階段預防危害風險發生，並且在銷售端（或批發端）對使用者提出風險警告。因此照樣適用產品法律責任，沒有例外。

　　然而，有些法律學者認為目前產品法律責任機制有不足之處，讓遭遇意外事故的被害人過分負擔。別忘了，即使是狹義的產品法律責任，舉證責任也是在被害人，其必須證明產品有瑕疵，而且瑕疵造成傷害。隨著電腦主控的車輛日趨複雜，要被害人證明產品有瑕疵會更困難。[18] 目前產品法律責任實際運用不多，因為往往難以證明錯誤來自何處。如果是特定設計經常出現特定問題，追究製造業者的責任或許會相對容易。豐田汽車公司（Toyota）某個車款偶爾會暴衝即是一例，[19] 儘管工程師找不到故障發生的確切原因，但因為這類事故實在太多，豐田汽車公司最後仍然承擔法律責任。但如果事故率不高，便很難去確認責任在製造業者身上，狹義責任或其他責任皆然。

　　此外，無人車就像是其他複雜系統，也會讓聯手的難題變得更嚴重，無人車的生產與功能涉及多重角色，實體車輛雖然主要是由製造業者控制，但其他人也對車輛操作有貢獻，如開發軟體的軟體業者、更新軟體的車主，以及負責維護道路感應器的機關。這是一種由科技、企業、政府機關與行為人所組成的生態系統，使得不幸事件的源

頭與肇因難以追溯，尤其是當不幸事件涉及會根據環境狀況自我學習的科技。

　　基於以上困難，有些法律學者提倡建立一種不需證明有過失，而且是不需要有行為人的補償機制。莫里斯‧席勒肯斯（Maurice Schellekens）認為，「無人車發生事故誰該負責」的問題是多餘的。以色列、紐西蘭與瑞典等國早就針對車輛事故採取無過失補償機制（no-fault compensation schemes, NFCS），強制車主納保（或者納入道路事故人身傷害這種較屬於一般性的國家保險方案），一旦事故發生，保險業者就會賠償被害人，即使事故不是任何人的錯，甚至事故不是人為。假設一個人行駛在來往雪梨與坎培拉的公路，突然間為了避免撞上朝其跳來的袋鼠而緊急轉彎。這種事在這個路段上並不罕見。這場車禍基本上不可歸咎於任何人（如同被蜜蜂螫傷的例子），惟至少被害人不須經歷冗長訴訟過程，也可根據 NFCS 迅速獲得人身損害補償。

　　席勒肯斯建議無人車事故可比照這種做法處理，至於這種機制是否會讓車商有誘因將車輛設計得安全，則會取決於被害人或保險業者是否有權利針對引發事故的車輛瑕疵追究車商責任。例如，假使設計有瑕疵，保險業者可以在理賠被害人之後，替被害人代位控告車商，或者可由被害人逕自控告車商，向車商求償超過 NFCS 規定的上限額度。另一種方式則是強制改由製造業者負擔保險支出，而非一般大眾。不論哪一種方式，重點在於必須追究製造業者設計造成的損害責任，否則他們不會有誘因去進行改善。

AI 負起道德與法律責任？

　　AI 的出現對現有責任分擔模式構成挑戰，以至於有人主張重新思考誰或什麼才是承擔責任的主體。主體一定要是人嗎？還是非人類也可以當主體？先前提過，傳統道德哲學眼中的責任概念完全聚焦在個人身上，而且以人類爲中心。只有人才可以負起道德責任。至於法律上的責任概念則比較彈性，主體不一定要是個人，也不一定要對事件可以直接控制。

　　AI 的出現讓某些哲學家認爲，以人爲中心的道德責任觀念已經過時，[20] 需要以不同做法來因應複雜的軟硬體，以便在人造主體「行爲不佳」時直接處理應對。有些哲學家則主張，一旦這種科技變得夠複雜、夠聰明時，倒不如去賦予其道德主體地位。[21]

　　反對此建議者認爲，如此一來開發與設置自主系統之人的責任就會減輕。[22] 自主系統畢竟是人造的，相關設計與運用乃是反映出設計者與使用者的目的與企圖。電腦科技從設計、開發、測試、安裝、啓用到相關事項的執行指令，都得透過人類主體方能爲之。沒有人類貢獻輸入的話，電腦什麼事也做不了。賦予電腦道德主體地位，只會讓人不去注意科技所呈現之行爲背後的主因。

　　針對這一點，有人會說，即使科技本身不具備道德主體性，道德主體性本來就不是「專門」屬於人類。[23] 彼得－保羅・維貝克（Peter-Paul Verbeek）認爲，人類行爲乃是不同主體性的集成運作，主體性既發生在從事行爲的人類身上，也發生在影響物件功能的設計師身上，以及發生在影響人類行爲與後果的物件身上。[24] 使用科技的時候，道德主體性很少集中在單一個人身上，而是發散於複雜的人物混和之中。

　　法律學界則是從人格角度探討類似課題。有些法律學者與政策制定者認為，既然 AI 與數位生態系統如此複雜，應該要賦予人造主體某種人格，比照企業承擔法律責任。歐洲議會甚至曾在 2017 年建請歐盟執委會考慮創設特殊法律地位，讓複雜且自主的機器人與 AI 系統取得電子人格。

　　在法律上，人類以外的實體擁有人格並不罕見，許多司法體系早已承認各種人格型態。[25] 法律人格是法律上的擬制，用來讓某些實體得以享受權利、負擔義務。實體可以包含企業、動物，甚至是印度的恆河、亞穆納河、紐西蘭的旺阿努伊河，甚至是厄瓜多整個生態系。賦予這些實體上述地位的理由，當然異於賦予人類這種地位的理由。人類之所以會被賦予權利與義務，乃是基於尊嚴、內在價值、意識、自主性與受苦能力等多重道德考量。人類以外的實體被賦予人格的理由則五花八門，像是動物具有人類般的受苦能力，或企業基於經濟原因要有人格。許多司法體系將企業視為人，其目的在減少個人需要承擔的法律責任風險，以鼓勵其創新與投資。AI 科技或許也可被視為一種企業。事實上，在必要情況下讓自主系統適用 NFCS，便已經是接近這種做法了。

小結

　　要求一個人為自己的行為負責，前提是這個人某種程度上能夠**控制**自己的行為。透過科技達成相關目的也是同樣道理，人最起碼要能夠控制科技，才能夠為那些藉由科技輔助的行為負責，原因是運用科技時，科技會化為人的一部分，成為手腳和腦袋的延伸。本章沒有談太多控制的議題，下一章會闡述科技天生**抗拒**人類控制的各種型態。

其重要性在於，如果個人對系統的控制度愈高，便愈可以去追究這些人採用系統導致某種後果的責任。反之，如果難以實質有效控制的話，則當事情出了差錯，就比較沒有立足點去責怪他們。

第 5 章

控制

　　鼓吹 AI 的人大致都認同，有些人類領域不能任由 AI 僭越，像是人類命運。[1] 即使人類對於人生目的的內涵沒有共識（撇開陳腔濫調的人生目的不論），人生目的仍然要由人類自行決定。也就是說，永遠不能讓人類的願望被 AI **終極**（ultimate）取代——這裡所指的「終極」有深層意涵。即使各地文化相異的人們對於重大問題缺乏答案共識，大多還是會認同這些問題應該**要由人類**來回答。

　　本章不會探討價值或價值理論，也不會探討人類繁榮與「美好人生」。本章要談的內容，確實是從人類的境遇應該永遠要由人類控制的合理預設出發。就算要利用科技節省勞力、激發創意與減少失誤，也是要依照**人類**的條件為之，即科技必須順從人類的意願。這才是人類終極控制系統的真諦：科技該如何表現就如何表現，而且要符合人類的**願望**表現，即使人類無法瞬息控制系統的「操作」（坦白說，系統既然自主，又為什麼**要**去控制系統的操作？）。循此邏輯，一旦系統走偏，人類就有特權去「關掉它」。

　　人類的這種控制願望有不同表現形式，時下最流行的口號，莫過於「人類實質控制」，尤其見於自主軍事致命武器的討論。這種要求比終極控制嚴格。終極控制不代表人類能夠在 AI 出可怕差錯時防止不幸事故或慘劇發生，也不見得能夠緩和一場危機發生最惡劣的結果。終極控制的意思只是說，人們有權力「關掉」走偏的系統，避免更多損害發生。但是最糟糕的情境，屆時可能已經發生。相較之下，**實質**控制自主系統的要求比終極控制更嚴格（否則又如何算是「實質」？），實質控制意指系統受到**有效**控制，操作者**能夠**防止最惡劣的結果發生，**繼而**緩和或抑制潛在惡果。有別於終極控制只是讓人類重新主宰先前因為人類自願讓渡而取得操作控制的 AI，**實質**控制則是**有效**主宰，意即（像是）及時避免災難發生。作者們認為這是值得

追求的標準，故後續將預設人類不應該摒棄自主系統的實質控制，特別是當風險很大的時候。

　　這個原則看似簡單，實則難以達成。主要阻礙可能來自心理層面。本章將探討工業心理學研究人員所指的「人類因素（人因）」。從相關研究成果可知，在某些情況下，當自主系統到達某個可靠與信賴門檻時，摒棄操作控制**就是**摒棄實質控制。簡單來說，當人類習於相信某個系統多數時候（但非**永遠**）很可靠時，往往就會自己「關機」，遁入「自動駕駛」模式，變得羞怯、自滿或過度信賴。有了這種心態，就開始不太會去質疑系統的產出，導致更難發現系統缺陷。在這個情況下繼續以為自己可以隨時按下「停止」鍵，所以能夠擁有「終極」控制，無疑是痴心妄想。

　　致命自主武器系統（lethal autonomous weapons systems, LAWS）便是上述難題的鮮明例子。相關文獻暫時將人類區分為「身處圈內」（in the loop）、「身處圈上」（on the loop）與「身處圈外」（off the loop）。「身處圈內」係指由人類決定是否追蹤目標並朝目標開火，責任由決定實施攻擊的人類承擔。至於「身處圈上」的人類，則是由搭配的系統（如無人機）辨認並追蹤目標，惟須由人類下令才會開火。如果從辨認、追蹤到朝目標開火，一切都交給無人機包辦（沒有人類介入），系統就是全然自主，此時人類權威「處於圈外」。

　　這三種類型會呈現多重可能，像是前面談到的人因課題，就是人類身處圈上與圈外之間，即人類主體理論上身處圈上，但由於過度疏離與不專注，形同身處圈外。這個狀況放到 LAWS 的脈絡，便不難想像失去實質控制會有什麼後果。如果愚昧倚賴自主武器去區分作戰人員與平民，或者用來判斷使用武力的必要時機（武裝衝突法的「比例」原則），恐將造成無法言喻的災難。想想看，手持樹枝奔向士兵

的孩童，會多麼容易被自主武器誤認爲是具有敵意的作戰人員。還記得序言提到的狼與哈士奇難題嗎？物體分類演算法在戰爭情境中出錯可就讓人笑不出來。如果人類不對這種系統進行實質控制，誰又能保證不會發生這些可怕的事情？

　　不過，先不繼續談 LAWS，因爲涉及其他太小衆的課題，不適合在概論性質的本章處理（例如：萬一必須「關掉」自主武器——人類遇到緊急狀況時的**必備**守則——卻因爲敵人駭入設備而「關不掉」？可以由機器決定誰生誰死嗎？諸如此類的問題）。在此改探討比較乏味卻失控的自主系統。以刑事司法爲例，機器學習蔚爲風行，從警方巡查、案件調查、起訴決定、交保、科刑乃至假釋決定，都可看見機器學習協助的痕跡。法國一份 AI 調查報告近期指出：「比起親自檢查人犯相關紀錄並做出釋放決定，法官比較會去依循人犯對社會有害的演算法認定結果。面對演算法建議的巡查路線，警察人員比較會遵從指示而非反對指示。」[2] AI Now Institute 近期發表的報告則是指出：「風險評估系統鑑定出來的風險分數如果很高，就會改變判決結果，使得法官不會考慮給予緩刑。」[3] 報告也明確指出，這種系統可能經過長期使用而因此忽略適當的審查。例如，華府有一個系統自從 2004 年首次設置以來，十四年後才在法庭訴訟被挑戰成功。對此，該報告作者歸咎於「長久以來預設系統經過嚴格驗證」。[4] 維吉妮亞・尤班克斯（Virginia Eubanks）曾在《懲罰貧窮：大數據橫行的自動化時代，隱藏在演算法之下的不平等歧視》（*Automating Inequality*）一書提到高科技決策工具在社會服務領域造成的自滿現象。賓州艾利格尼郡爲避免兒童受虐而採用一款保障兒童福利的軟體，以協助社工判斷該郡兒福熱線接到的通報電話哪些應該持續追蹤。然而實際上，卻變成是社工容易去調整自己的風險評估以

符合模型預測結果。【5】

　　即使民眾不滿這種系統，依循正式管道提出申訴，有些甚至是官司打到最高法院，法官言論卻總讓外界覺得法官未察個中問題。刑事司法界採用的演算法工具之中，最備受檢視與爭論的工具，是第三章介紹過的 COMPAS，由 Northpointe 公司於 1998 年（後更名為 Equivant）首創，用於全美刑事司法機關。【6】艾瑞克·盧米斯（Eric Loomis）曾經在 2016 年針對法院利用 COMPAS 所做判決提出上訴，卻上訴失敗。略過細節不談，值得注意的是，高等法院雖然對於 COMPAS 的運用不無疑慮，卻顯然不認為控制會是重要問題。從法院針對未來使用 COMPAS 時提出的但書是多麼地不嚴謹，便可以看出。

　　法院指出，法官在判案時「除了參考 COMPAS 的風險評估結果之外，也必須說明能夠各自佐證判決的相關因素。COMPAS 風險評估結果僅能作為其中一種判決考量」。【7】法院也規定法官在參考 COMPAS 的預測結果做出判決前，必須先對 COMPAS 的警示事項有認知，【8】也就是 COMPAS 在使用上是有爭議的，開發動機也備受爭論，畢竟 COMPAS 原本是設計用來協助假釋這種判決確定之後的決策，而不是要用來協助判案。

　　這就對了！顯然沒有人發現人類因素的問題有多大（又怎麼會發現呢？他們是法官呀，不是心理學家！）。法官在判案時可能會四處尋找「能夠各自佐證判決結果」的因素，也會以為自己是受到這些因素的影響。若認真看待控制這個問題，尤其是後續馬上會提到的「自動化造成的自滿」與「自動化偏誤」這兩個問題時，就會發現這種做法難以讓人安心。相關警示過於溫和，即使不溫和也無法確定是否就足以讓法官不再自滿。有研究指出，有些工具的運用風險即使說得再

明白，也無法緩解強大的自動化偏誤。[9]

　　以上顧慮是有實際意義。就算向法官提出警示，要他們不要完全相信自動系統所做的建議，不代表他們知道**如何**判斷不要相信。大家都知道，系統的建議可能會出錯，也不能完全相信，但如果不確定系統是**如何運作**，**哪裡**出差錯，**為何**會出差錯，又該如何應對？法官要在什麼情況下表達疑慮，**如何**去表達疑慮？認知心理學與行為經濟學研究（有些已在第二章與第三章談過）提到決策中的「定錨」效果，佐證再薄弱，也會對想保持客觀公平的決策者帶來不利影響。法官眼見一臺有著出色證書與技術規格加持的機器給出的評分是高風險，便會不自覺受到定錨作用而傾向重判。我們無法得知**即使合併**相關警示與考量其他因素的義務，是否足以抵銷定錨作用。

深入檢視控制難題

　　所謂「控制難題」是指人類主體在人機控制範圍內遇到可靠的自主系統產出成果時，會變得自滿、過度依賴或過度信賴。乍看之下，要克服這個難題不難，事實上卻不容易。

　　初次發現這個難題是在 1970 年代，[10] 卻直到 1983 年一篇簡短論文問世才有確定論述。論文標題簡潔有力，名為〈自動化的反諷〉（Ironies of Automation）。作者麗桑・班恩布里奇（Lisanne Bainbridge）指出，最主要的反諷在於「控制系統愈先進，人類操作者的貢獻也更重要」。[11] 儘管班恩布里奇為文的那個年代，深度學習尚未運用於演算法自主決策工作，她對人類主體在人機系統中的作用觀察，至今仍然真確。

假設所有決策可以被明確規格化，則電腦的決策速度會比人類操作者
快上許多，而且可以考量更多的面向，以及參考更正確規格的標準。
如此一來，人類操作者絕對無法及時確認電腦是否有正確遵守規則。
**因此，為了要判斷電腦決策是否「合宜」，操作者便必須在後設層面
去監控電腦決策。**【12】

　　人類操作者所剩的監控功能，至少會遇到四種不同難題（參見
Box 5.1 說明）。第一個難題是人類處理能力受到認知限制（「能力
難題」）。班恩布里奇指出：「既然以電腦輔助決策的原因是該情境
不適合由人類進行決策判斷與直覺思考，那麼哪一種決策才是合宜
的？這對從事監控的人類來說，實乃不可能的任務。」【13】

　　比起要被人類監督的系統，人類在認知方面嚴重處於下風。一
個明顯例子是極度頻繁的金融交易，人類不可能即時掌握狀況，因
為交易速度快到監控的人類跟不上。誠如高登·拜克斯特（Gordon
Baxter）所說：「在診斷與修復故障狀況的同時……也許早就完成更
多筆交易，說不定還是藉著故障獲益。」【14】類似狀況也出現在飛機
自動駕駛系統，這種系統「複雜到故障皆屬於複雜的『邊緣案例』，
設計者很難一開始就預料得到」。【15】

　　第二個難題是人類表現受到注意力限制（「注意力難題」）。

從許多關於「警覺性」的研究可以知道……人類再怎麼有幹勁，只要
資訊來源一成不變，也無法在視覺上持續注意超過半小時而不恍神。
意即，面對不太可能發生的異常現象，人類連最基本的監控功能也做
不到。……【16】

Box 5.1　控制難題解析

控制難題可細分為四個基本難題：
1. 能力難題
   人類跟不上要監督的系統，因為系統太過先進且運作極快。
2. 注意力難題
   人類若只負責監控螢幕上泰半屬於靜態的資訊，很快就會感到無聊。
3. 流通難題
   有技能就要使用，不然就等著失去技能。技能不常使用就會荒廢。
4. 態度難題
   人類容易過度相信**多數**時候表現可靠的系統（即使不是**每一次**都很可靠）。

　　自動化影響情境察覺甚鉅。[17]比方說，無人車的駕駛比較無法預料何時該接手駕駛，遇到緊急狀況時往往也沒有準備好要再度控制車輛。[18]

　　第三個難題是人類技能的**流通**（「流通難題」）。再度引述班恩布里奇：「不幸的是，如果沒有繼續使用實體技能，實體技能就會退步。……意即，一個人即使以前操作經驗豐富，現在改成負責監控自動化過程，他的能力也可能會生疏。」[19]

　　第四個難題，也是本章的重點，涉及人類操作者面對複雜科技時的**態度**（「態度難題」）。班恩布里奇對此難題著墨不深，[20],**1僅扼要提及幾點，[21]學界卻從此積極投入研究。[22]難題的內涵在於，自動化品質提升之後，人類操作者的角色變得沒那麼吃重，操作者「開始預設系統不會犯錯，不再主動監控事情狀況，變得很自滿」。[23]自動化造成的自滿往往與自動化**偏誤**同時出現，都來自人類操作者「對自動化系統深信不疑，忽略連同自己判斷力在內的其他

**1　譯註：因翻譯語序關係，原文註釋 20、21 分別與中文註釋對調，即中文註釋 20 為原文註釋 21，中文註釋 21 為原文註釋 20。

資訊來源」。【24】自滿與偏誤都是因為**過度信賴**自動化所造成。【25】

　　以上難題特殊之處在於，自動化**愈進步**，難題會更嚴重。當系統愈厲害、愈擅長處理複雜資訊、處理速度也更快的時候，負責監控的人類會更難持續適當留意科技以確保系統故障時能夠安全切回手動控制。以時下被歸類為汽車工程師協會（The Society of Automotive Engineers, SAE）第二級（SAE Level 2）、允許手腳閒置（但心不能閒置，開車還是要看路）的無人車[*1]為例，傳奇的汽車人因專家奈維爾・史丹頓（Neville Stanton）苦笑道：「再怎麼小心的駕駛人也會像是望著油漆風乾，變得不專心。」【26】至於自滿與偏誤，則有證據顯示操作者的信賴程度與自主系統的規模與複雜度呈現直接相關。例如，SAE 第一級無人車這種低階的局部自主系統「對於駕駛人與車輛子系統的任務分工十分明確」【27】，但隨著自動化提升，任務分工開始變得模糊，以致駕駛人難以正確評估車輛能力，而且整體上容易高估。【28】

　　道理反之亦然，隨著自動化可靠度**下降**，系統故障被察覺的比例會隨之上升。【29】質言之，自動化「最危險之處，就在於多數時候表現穩定可靠」。【30】看來，最安全的做法是使用不會讓人過度信賴的無效系統，或是使用特定任務確實表現比人類好的系統。後者做法是可行的，因為一旦證實系統在執行特定任務時表現比人類好（比較不會出錯），則人類仔細監控系統即屬多餘。系統有沒有人類監控不再重要，就算系統有人類監控，人類是否陷入自動化的自滿也不再會是

[*1] SAE 架構係根據系統功能自動化程度，將汽車區分為第零級（無自動化）到第五級（完全自動化）（SAE J3016 2016）。Tesla Autopilot 與 Mercedes Distronic Plus（屬於第二級）這兩款車都要求駕駛人必須在行駛途中全程監控狀況，Google 的無人車則屬於全方位自動駕駛，唯一要靠人類協助之處，只有發動與關閉引擎。

問題，因為系統犯錯率將比人類低。

由圖 5.1 可見，自滿與自滿造成的危險是系統可靠度的函數。注意可靠度到了某一點時（虛線處），即使自滿也無所謂，因為不會造成危險。

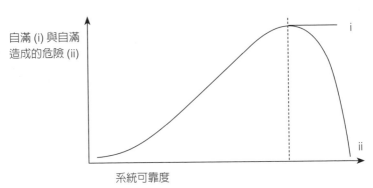

說明：虛線代表接近完美可靠（比人類優秀）。

圖 5.1　自滿 (i) 與自滿造成的危險 (ii) 為系統可靠度之函數

採取「比人類優秀」的系統：動態互補

「控制的難題有辦法解決嗎？」這個問題若按照字面意義來看，答案無疑是否定的，因為控制難題**事實**上是解決不了的。自主系統如果多數時候運作可靠，而且操作者僅須負責監控多半順暢的交易，則沒有辦法**直接**對付人類的自動化自滿與自動化偏誤，遑論要克服這種傾向。不過，既然同意這是人機系統難以克服的傾向，也許就去想辦法面對它，不須假裝人類改變得了數百萬年演化形成的這種限制。

人因研究成果提供很好的啟發。其中一項重要建議是透過**動態**與**互補**的功能分配，讓人類的本事與電腦的本事相容。人類應該繼續從

事擅長的事項，像是溝通、抽象推論、概念化、發揮同理心與直覺；其餘事項則交給電腦來做。[31] 但在分配上也要夠彈性，讓互動得以保持**動態**，以利最佳表現（或滿足必需），讓人有些事情可以交出控制，也可以取回控制，像是駕駛人取消定速模式，重新加速油門。這個背後則是預設有些決策交給人類與電腦來做都很安全，而且人類與電腦在特定子領域都有共同本領。交出與取回控制的做法可能也有助於緩解流通難題，因為操作者有機會練習與維持手動控制的技能。

　　當然，這個做法預設決策事項要能切割得更精細。例如，**國境管制**（是否要同意人民出入各個國境）這項重要決策作業，便涉及移民通關、護照查驗與毒品偵測等作業事項。可以預設兩種情境：1. 國境管制作業**全部**交由單一大型且分散的國境管制軟體套件來做；或者是 2. 整體決策只挑出某些可自動化的子部位進行個別自主作業，其餘仍交給人類來控制。當然，目前國境管制的決策只能做到局部自動化。SmartGate 雖然可以做到全自動電子化護照查驗管控，但出入境關卡多數還是有移民官員在現場留守。而這就是重點所在，移民官員只須負責處理整體決策中無法有效率自動化的部分。也許某一天整個決策鏈**會**變得自動化，只是那一天尚未來臨。

　　按照這種動態互補的功能分配，顯然人類主體在某些面向會被自主系統取代，自主系統可以不受監控自行運作。就子部位自動化的人機系統而言，最理想的運作狀態是人類將力氣放在比較適合人類從事的事項，這些事項不交由系統自主執行。但從先前的提示可見，這麼做必須要是系統可以將自動化子常規做到近乎完美可靠（比人類優秀）的地步，否則還是會發生控制難題，因為自主部位即使多數時候運作正常，仍然要靠人類監控偶發的故障狀況。不難想見**這麼做**的後果會是什麼。

　　但我們也不得不問：究竟有多少自主系統眞的達到這個門檻？實情是我們目前沒有明確答案。SAE 第二級（以上）無人車肯定還沒達到這種可靠度。【32】惟標準車輛（屬於 SAE 第零級車的非無人車）中的自動傳輸、自動燈光控制與第一代定速控制等許多子部件，都已經達到這個門檻。【33】

　　以較典型的決策輔助爲例，醫療診斷預測軟體及訴訟案預測軟體都快要比人類優秀。舉例而言，同樣是參考相同資訊，AI 系統比病理學家更能夠準確分辨肺癌並提出預後。也有系統可以在阿茲海默症症狀浮現前十年就預測一個人會罹病，準確度達 80%，就連最頂尖的病理學家也望塵莫及。【34】在法律界，自然語言處理與機器學習的進步使得訴訟預測軟體開發成眞，僅須輸入案件事實即可預測歐洲人權法院的判決結果，平均準確度達 79%。【35】最令人刮目相看的是，類似系統預測美國最高法院的判決結果，竟然比一群近半數曾任大法官助理的 83 位法律專家預測得更準（準確度 60%：75%）。【36】但撇開這些毫無疑慮的例子不論，其餘也只是猜測。動態互補的一項優點就在於，隨著重大決策切割成細小部位，會愈可能找得到比人類優秀的系統接棒從事判斷。

　　萬一準確度達不到設想中比人類優秀的地步，又該怎麼辦？先前我們的結論是，除非決策工具達到某個可靠度關鍵門檻，否則起碼在事關重大／攸關安全的場合上，這種工具不應該取代人類主體。但萬一達不到這個標準呢？能否採用沒那麼可靠的系統？簡單來講是可以的。之前提過，控制難題是來自**大致**可靠的自動化，不是明顯不太優秀的自動化，故某些情況下可以放心讓**沒**那麼可靠的系統取代人類主體去從事廣大決策結構中的某些決策（如廣大國境管制決策結構中的護照查驗工作）。COMPAS 這種工具的問題在於（先不談其他問

題），它是介於特殊場合可靠度與整體優秀性中間的灰色地帶，沒有可靠到符合比人類優秀的標準，卻還是有其他功用。換句話說，這種工具就是容易形成自動化的自滿與自動化偏誤，而且會出現在重大場合（交保、判決與假釋等決策）。

有其他方式可以處理控制難題嗎？

　　有證據指出，提升課責機制對主責監控自主系統的人類操作者會產生正面影響。一項重要研究發現，「規定受測者要為整體表現或決策準確度負責時，自動化偏誤率會隨之下降。」[37] 這似乎意味著，監控者一旦要被隨機抽查稽核，可能就會更加相信自己的判斷。至於抽查會對其他面向的人類表現及工作滿意度會造成何種影響，以及課責機制會如何影響自動化的**自滿**（而非**偏誤**），則另當別論。此外也可以在課責做法上發揮創意，設計出反制自動化偏誤的有效方法，像是「有詐試驗」（catch-trials）。這種做法是刻意產生系統錯誤，讓監控者保持警覺。航空業是對付自動化偏誤的絕佳例子，因為自動化偏誤攸關生死，因此航空業非常嚴肅看待。不論如何，這些做法就像是其他被吹捧的解決之道，都不是真的能夠**直接**解決控制難題，而是讓大致可靠（卻不比人類優秀）的系統**悄悄變得**（像起初那樣）**更不可靠**，背後的預設是比起可靠的系統，較不可靠的系統不會讓人產生自滿與偏誤。

　　至於團隊合作呢？讓一群人共同合作彼此監督，是否就會緩解自動化偏誤？顯然不會。

人與人共同監控與決定自動化輔助的作業事項，在心理層面的效果

無異於人與人共同合作，都會出現「社會閒散」（social loafing）現象，也就是比起獨立作業，自己在群體當中付出顯得多餘而變得偷懶。……這種效果也會發生在兩名操作者一起負責監控自動化輔助作業的情境。【38】

　　最後，有些方針建議決策者在參考演算法之前應該先自行判斷做法，以利抵銷自動化的自滿與自動化偏誤的局部影響。也就是說，演算法的功用只是要用來確認決策者的直覺是否正確。須留意的是，這種做法比較像是要求決策者**不要**參考演算法，故也不算是真正**解決難題**（直接對付與克服根深柢固的心理傾向），反倒像是試圖繞過與**逃避難題**。

小結

　　所謂自動化，不僅涉及部件的自動化，更會深刻改變人類與機器互動的本質。最讓人警惕的影響在於會使人類控制者出現自滿心態，故行政決策或商業決策要導入自動化以前，必須考慮到人類操作者容易因為演算法在大多數時候運作得宜時，便會將實質控制交由演算法代為執行。這個問題才是真正該注意的，而不是人類被機器接管。

第 6 章

隱私

　　當民眾被問到「隱私侵犯」時，反應多半不出所料，往往會聯想到警察與軍方從事監控、讓人行蹤無所遁形的監視器、偷拍的狗仔，或是政府機關截取私人郵件。這些例子符合多數人對隱私權的認知，也就是「有權不被打擾」。[1] 然而隱私權的內涵實際不止如此，本章旨在讓讀者認識隱私的不同面向、這些面向受到新興科技的影響、影響為何重要，以及這些課題與身為公民的你我有何關係。

隱私的面向

　　說來可能讓人意外，儘管對隱私的重視不分文化，國際上迄今沒有統一的隱私定義。聯合國會員國在 1948 年通過《世界人權宣言》，列出公認應受普遍保障的基本人權，其中隱私權規定於第 12 條：「任何人的私生活、家庭、住宅和通信不得任意干涉。他的榮譽和名譽不得加以攻擊。人人有權享受法律保護，以免受到這種干涉或攻擊。」[2]

　　儘管立意良善，實際標準仍任由各國自行詮釋。歐洲是目前確保公民享有健全隱私權做得最先進的地區，遙遙領先多數國家。然而，問題不僅在於國際對隱私的定義沒有共識，光是界定隱私的概念就很困難（遑論要超過 150 個國家提出定義）。

　　研究隱私的學者朱莉‧因尼斯（Julie Inness）曾經感慨道，隱私概念混亂不堪。她在隱私權著作中的索引，就有一個條目寫著：「隱私泥淖」（Quagmire, privacy as deep.）。[3] 惟概念再怎麼混亂，因尼斯認為並非無可救藥，仍可將破碎片段拼成完整概念。[4] 原因在於，即使隱私有多重且不見得相容的寬廣意涵，不同意涵卻都同樣重視親密與尊嚴。因此，因尼斯將隱私歸結為人類天生關切能夠在自己

重視的事情上（如親密人際關係）保有某種自主。

多年後，丹尼爾・索羅夫（Daniel Solove）也提出隱私定義，卻對本質主義不以為然。他深受奧地利知名哲學家路德維希・維根斯坦（Ludwig Wittgenstein）影響，認為人類永遠無法找到獨一無二且不可化約的隱私權概念本質。與其汲汲尋找，不如將重點放在違反隱私的具體後果，故將隱私**傷害**進行分類，有的傷害來自資訊蒐集（如監視）；有的來自資訊處理（如資訊集結、辨識或處理過程不安全）；有的來自資訊散播（如違法揭露或違反保密要求）；有的來自侵犯行為（如實體侵入）。[5] 從傷害角度切入固然實用，因為這是民眾談到隱私時最注重的面向，不過一旦涉及機器學習，又會產生不少問題，像是：資料集多半屬於眾多個人檔案的匿名集結，無涉特定人士，也不太會對貢獻資料集的個別人士造成不利，有何傷害可言？如果演算法的運作不利於某人，預測模型確實會變得有害，像是使用某種軟體套件導致特定性別或族裔求職者被淘汰不錄取。但即使如此，傷害也不見得是違反隱私所造成的，起碼看不出有直接違反**特定當事人**的隱私。就算你的個人資訊**確實會**「反加諸於」你好了，但當反加諸於你的是 Netflix 與 Amazon 的推薦品項，你到底又會受到什麼「傷害」？

這並非要說，不該重視傷害，而是要提醒讀者在做任何暫時定義時，都得一併嚴謹考慮到這個美麗的大數據新世界。

且讓我們務實一些，不要再以為隱私僅具單一意義或僅會造成單獨一種傷害（索羅夫也不這麼認為）。隱私實際上至少具有四種意義，也可以說是四種隱私面向，每一種造成的傷害都不同：

1. **身體隱私**：指維護一個人的**身體完整**，免於未經合意的觸摸或類似侵擾。

2. **地域隱私**：指保障一個人的**環境空間**，免於侵入與監視。

3. **通訊隱私**：指保障一個人的**通訊手段**，免於攔截。

4. **資訊隱私**：指防止違反當事人的意願蒐集、處理或運用**個人資訊**（又稱爲「資料保護」）。[6]

　　這種「分化」策略可以讓我們清楚掌握特定面向新的隱私違反型態。例如，現代資訊隱私原則（資料保護）的出現，某方面是因應政府、企業蒐集的個人資訊數量龐大且急遽增長。由於現行國內法及國際標準規範不足，興訟不斷，故訂定新法律明確規範持有個人資訊的機關（構）所應負的義務。*1 相關機關（構）如今須謹慎確保讓個人資訊提供者保有資訊相關權力，包括取用、修改、使用，以及必要情形下刪除資訊。此外也出現新的通訊隱私型態。例如，史諾登（Snowden）爆料之後，法律學者與公民自由主義者旋即就隱私權是否及於電子通訊一事展開辯論。

　　以上每個隱私面向儘管都很重要，而且都會受到 AI 的影響，但本章不會談身體隱私、地域隱私及通訊隱私，而是將重點放在資訊隱私，因爲這是最明顯且最直接受到大數據衝擊的隱私面向。隨著 AI 與機器學習進步，以上四種面向日後也許會更加趨同。爲了提升國家與企業的監視與侵入力量，未來資料集的運用肯定會更多，也會更複雜。例如，人臉辨識軟體已經發展成一種監視科技，而這種科技便是極度倚賴優質的訓練資料。

---

*1　例如，德國憲法法院曾就人口普查資料的有效性，於 1980 年做出判決。法院指出，在這個資料處理時代，須保障個人免於個人資訊被無限上綱地蒐集、使用與儲存，方能落實個人所享有的自決權。

資訊隱私與 AI

民眾對 AI 與隱私最主要的顧慮，在於預測型演算法與其他類型機器學習可以從個人資訊中發覺某種連當事人都沒有發現的規律。在這個過程中，科技能夠窺探到其他人窺探不到的私人生活。但這是主要顧慮，除此之外還有個別具體顧慮，後續會討論其中重要的兩項。儘管如此，在討論個別具體顧慮的時候，仍應謹記這個大脈絡。

資料保護法有個根本原則，也就是「資料的蒐集須基於明確具體目的」[7]。然而這個目的上的限制可說是大數據商業模式的致命傷。先前提過，機器學習能力的開發須靠取用龐大訓練資料（參見第一章）。提倡隱私者擔心的是個人資訊**如何**被蒐集，尤其是在網路上。因為個人資訊很少會被用在「明確具體目的」，也很少是在知情同意情況下提供。[8] Facebook 這種公司雖然**確實會**告知目的，但目的往往寫得過於空泛，像是用於提供產品服務並進行改善——也就是用於使用 Facebook！

掌握上網訂購機票的民眾是否會接著去其他網站預訂住宿與租車，乃是屬於有價值的資訊。旅宿、租車業者會願意付費取得這種資訊，因為可以針對旅客精準投放廣告。民眾往往渾然不察自己在網路上的一舉一動是多麼有價值，也不曉得自己容許其他人蒐集個人資訊並且謀利。即使知道或者懷疑個人資訊會被販售給第三方，也不會**明確**曉得第三方會如何運用，甚至連第三方**是誰**也不知道。從負面角度解讀，就是民眾被利用了，正所謂「網路上遇到免費的東西，代表你**就是被賣的產品**」。

資料不只會從網路被蒐集，甚至包含想都沒想過的地方。許多洗衣機現在已經納入「物聯網」，配有感應器，能夠蒐集洗滌時間、

洗滌模式等資訊以供下載，作為維護、維修、故障與能源消耗的預測。[9] 從維護及設計角度來看，蒐集這些資料是有益處的，像是如果發現多數民眾只會用到其中兩、三個洗衣機功能的話，也許有助於設計出更有效率的機器。然而，第三方也可能很重視這些資料。例如，電力公司可能會想敦促用戶不要在用電尖峰時刻使用洗衣機。洗潔劑製造業者則可能會想藉此兜售相關產品，如衣物柔軟精。如同先前所述，第三方都會願意付費取得這些資訊，而消費者則是對於個資蒐集的種類、蒐集的數量與蒐集的用途，多半毫不知情。

　　沒有錯，許多公司訂立的用戶使用條款很透明，像是：「只要你允許我們從你的按讚分享與貼文行為進行探勘，並且將洞悉的結果賣給出價最高者，我們就讓你使用平臺。」*2 然而並非所有探勘都有明確取得對方同意。即使有取得同意，這個「同意」也不盡然是出於自主與自願。如果要「同意」資料可以被蒐集才能使用網路銀行或健康應用程式（App）等重要服務，又怎麼能算是真正同意交出個人資訊呢？你根本沒有選擇，想要使用重要服務的話，就**不得不同意**。何況使用條款又長又複雜，沒有人讀得完，也沒有清楚列出「明確具體目的」，讓自主知情同意淪為笑話。

　　大數據引發的第二個同意課題，是**推斷**資料的運用。資料可分為**蒐集到**的資料（像是姓名這種在知情情況下明確提供的資料）、**觀察到**的資料（像是筆跡、口音或打字速度這些在被動情況下默默提供

---

*2　值得一提的是，Facebook 不是「資料掮客」，不會直接販售資料，而是提供**精準廣告投放**服務給廣告業主，藉此從資料獲利。Facebook 會分析資料，針對特定產品找出合適客群，再讓廣告業主對這些特定客群投放廣告。這就像是 Facebook 告訴旅行社：「我知道哪些中年基督教徒喜歡火車旅遊。我不會告訴你他們是誰，但只要你付錢，我就會傳達你的訊息給這些人。」

的資料），以及**推斷**的資料（像是從郵遞區號推斷你居住的區域，又稱爲「衍生」資料）。機器學習與大數據存在的目的，就是要協助推斷。比方說，假設某人的納稅資料遭到機器學習工具示警有申報不實的疑慮，機器學習並非直接根據可以查明的資訊（申報不實本身）做出示警，而是根據過往可直接查明的資訊（申報所得、申報損失等）與意圖得知的現象（申報不實）之間所學習到的重要相關性，協助做出示警。在過往納稅申報資訊資料集可靠的前提下，若連續幾年出現異常申報損失情形（這是可直接被查明的資訊），恐怕會與申報不實具有高度相關性。援用第一章的說法，稅務詐欺是「預測變項」，也就是推斷的特性（像是根據年齡推得死亡率、根據身高推得體重）。而這種推斷的資訊，是否須經當事人同意才能利用，則是隱私法律要面對的問題。推斷的資料，是否可以和初級資料（蒐集到的資料與觀察到的資料）相提並論？

　　這種顧慮有實際意義，像是機器學習法可以利用非敏感資訊預測出當事人的極敏感資訊。隱私提倡者擔心像是當事人的位置、社群媒體偏好、App 或手機瀏覽時間長短等資訊，彼此看似毫無關聯，集中起來卻能夠協助預測出極爲敏感的個人資訊（如性取向或政治理念）。研究指出，打字速度這種看似無害的資訊，也能用來判斷電腦用戶的情緒狀態。[10] 史丹佛大學在 2017 年做過一份研究，宣稱可以透過演算法區分男同性戀與男異性戀，準確率達 81%，區分女同性戀與女異性戀的準確率則達 71%。研究利用深度神經網路從 3 萬 5,000 多張照片擷取人臉特徵——在大部分人的觀念中，人臉並非敏感資訊（畢竟人臉總是對外示人）。論文作者總結認爲，「有鑑於企業與政府愈來愈常利用電腦視覺演算法探測人民的私密特徵，本研究結果顯示男女同性戀人士的隱私與人身安全恐怕會受到危害。」[11]

儘管因為研究方法論的關係，讓外界對研究結論的疑慮不小，[12]然而原始模型某些面向經過修正之後，後續模型仍然顯示，演算法是有能力從照片判斷人的性取向。[13]

除了這兩個和機器學習有關的重要資料保護課題，近年來也出現一些缺乏定論的課題，其中之一是民眾在匿名資料集的身分遭到識破。匿名作業是學術界為了保障受試者隱私的常規。心理與醫學實驗並非憑空而來，研究者在遵守預防措施與道德規範之外，得要募集自願參與實驗的受試者，而為使招募作業更加順利，便要向受試者保證會妥善保護其個人資訊。惟保羅・歐姆（Paul Ohm）等學者強調，匿名方法已經愈來愈弱。以公開可取得的資訊為例，即使努力使之匿名化，仍然可以相當準確預測出資料集中的個人身分。[14]對科學研究來說，這可不是好事。識破一個人的身分並不難。例如，此人可能是罹患罕見疾病，或者居住在特徵與其相仿的人很少的鄉下地區。即便是在個人資料沒有獨特到容易分辨的情況下，識破一個人的身分依舊不難。法國研究指出，光是從一個人使用的兩個手機 App，就能識破資料集當中 75% 手機用戶的身分。如果增加到四個 App，則識破率可提升至 90%。[15]

其他問題還包括機器學習與大數據分析使用到的個人資訊，如何適用現有資料保護相關標準，像是個人如何獲取自己的資訊；資訊控制在誰手上，以便確認資訊更正責任的歸屬；整個資料環節中，**哪一方負有確保資訊正確的義務**（尤其是在資訊用途變更或傳送到第三方時）；資料刪除的義務規定為何；以及資料在刪除以前可以保存多久。然而目前不是所有國家都有每個問題的答案，就算有答案，也往往不是絕對。

AI、隱私與消費者

　　說了這麼多，這些問題實際上會如何影響你的隱私、你親朋好友的隱私，以及住在社區其他民眾的隱私？你該對隱私保持多大的期待？既然你都覺得自己知道不多，力量不大，你的期待還有意義嗎？

　　首先來看先前提到的精準廣告投放，這種廣告涵蓋用戶上網日常的方方面面，像是最近剛結束的週末旅行，以及想買的新鞋子。這些廣告是網路銷售與產品服務促銷重要的一環，世界各地許多公司都會利用。這種機器學習應用為何會帶給消費者隱私風險？除了之前提到的同意問題，還有其他嗎？

　　精準廣告投放帶給消費者的一個隱私風險是歧視疑慮，因為精準廣告投放不單純是影響消費者決定要購買哪一種產品或服務，投放方法更會影響消費者在一開始是否就能夠被提供某些選項。

　　以住房為例，美國政府在 2019 年初以 Facebook 公司違反《公平住房法》（*Fair Housing Act*）為由，將該公司起訴。美國政府聲稱，Facebook 的精準廣告投放演算法採用資料探勘手法，限制某些用戶無法看到住房廣告，歧視某些民眾。[16]《公平住房法》規定，住房歧視與住房相關服務歧視皆屬非法行為。舉例而言，廣告宣傳中的住房不得僅限提供給特定種族、民族、宗教信仰、性別或婚姻狀態人士。住房與都會發展部部長班恩・卡森（Ben Carson）言簡意賅指出：「Facebook 這麼做，是在根據民眾所在地與居住地歧視民眾。透過電腦限制民眾的住房選擇，歧視程度不亞於當著對方的面甩門。」[17] 精準廣告投放服務商的市占率相當大的時候，歧視影響會

更嚴重。據估計，美國網路廣告市場約 20% 是由 Facebook 把持。[*3]

　　提起公訴是有用的，因為可以讓外界進行某種程度的監督，同時由司法機關監督那些會影響消費者的舉措。但有論者指出，近期全國公平住房聯盟、美國公民自由聯盟等公民團體控告 Facebook 的訴訟案最後都以庭外和解收場，加上某些案件的和解條件保密，很難得知訴訟案到底迫使這些公司採取哪些具體隱私保障措施。[18]

　　讀者可能會以為，網路廣告帶有歧視不**單純**屬於隱私課題，而是綜合反歧視、公平交易與人權等議題。然而歧視性廣告終究是**歧視**（**分辨**的意思），會利用科技來推斷預測你是什麼樣子的人，而你卻不見得希望別人知道。例如，同性戀在某些國家是非法行為，可以處以死刑。這個情況下，機場維安檢查站安裝「同志雷達」（Gaydar）軟體「揪出」同性戀旅客，就不單單是造成旅客不方便，更可能攸關旅客性命。

　　機器學習──尤其是自然語言處理工具──在利用資訊時，還會從另一面向影響消費者隱私，即藉由資料的訓練來開發消費者行為預測工具。這絕對涉及隱私，因為人的行為、意圖與最私密的癖性都遭到預測，甚至可能遭到操縱（見第七章）。先前提過，機器學習工具在開發過程中必須倚賴現有資料集進行訓練與測試，而資料集大小、品質及種類不一，運用方法則端視要開發的 AI 類型。這些資料從哪裡來？說來可能讓你感到意外，因為也許你早已提供個人資訊用於資料集訓練，就是發生在致電聯繫保險公司、電信業者或電力公司

[*3]　其他國家也有採取相關行動，像是隱私國際（Privacy International）曾在 2018 年向英國、法國及愛爾蘭資料保護主管機關控訴七家公司利用個人資料進行精準廣告投放並謀利。

的過程中。你應該還有印象，會有一段惱人的語音訊息說：「基於品質與訓練目的，以下通話將進行錄音。」想像一下，上百、上千甚至上百萬通類似的通話片段可以用於訓練自然語言處理工具，讓它辨認出各種有用途的資訊，如男女聲音差異、人在生氣、人不開心、顧客最常問的問題，以及最常出現的客訴內容。

　你是否正在考慮取消目前保單，投保別家保險？機器學習工具可以從你的行為預測到這件事。許多企業都注重顧客流失率，如果可以預測並減少顧客流失，將讓企業占盡極大優勢。做法是透過上千名跳槽與未跳槽的顧客行為資料，進行模型訓練，預測並產生一組「有流失之虞」的顧客名單，再由業務經理審閱，採取進一步行動。

　乍看之下這是好事，因為你可能差點就要錯過更好的方案，為此感謝保險公司打來詢問是否仍然滿意相關保險產品。可是如果消費者圖像所根據的資料集，是按照年齡、性別、病歷、居住地、婚姻狀態等事先擇定的資訊類別進行區分，預測將會頻頻失準。說不定你被模型繪製出的個人圖像，與實際情況相差十萬八千里，導致你與某些保險方案無緣；[*4] 說不定你就像尤班克斯的遭遇一樣，因為要照顧遇劫的伴侶而申請醫療理賠（再合理不過），卻因為自己剛好這陣子剛換工作，保的是新保險方案，而被演算法示警為可疑醫療保戶。人們都知道，演算法可以推斷出很詭異的個人資訊。如果推斷結果是對的，固然令人毛骨悚然；如果推斷結果是錯的，則豈止毛骨悚然。[19]

　企業也會透過蒐集資料，結合動態差別定價，實現演算法即時定

[*4] 你可以從 Facebook 上的個人檔案頁面，看看自己被歸類到哪些類別。點選設定＞隱私捷徑＞更多設定＞廣告＞個人資訊＞檢視並管理類別。從中，你會看到一些真實的東西，可能還有一些奇怪的東西。

價。賽富時（Salesforce）與勤業衆信（Deloitte）在2017年曾經提出一份報告，提到使用演算法的主要品牌企業儘管不多，大約略超過三分之一，但有在使用演算法的企業，則有40%是用於差別定價。[20]

　　這件事的重要性何在？在於網路世界並非民衆以爲的那樣：可以讓人無拘無束四處瀏覽，不動聲色找到想找的資訊，而且什麼時候想得到資訊，以及資訊呈現的樣態都在使用者的掌握之中。事實上，民衆的網路生活愈來愈被精選、過濾與限縮。這個過程中，退縮的不只是民衆的隱私範圍，還包括民衆參與公共生活的廣度，原因無他，正是因爲接受資訊的自由受到限制，而且**不限特定資訊類型**（見第七章）。影響所及，不僅止於民衆在網路上接觸到的機會與選項，更日益及於網路世界以外的日常人生，包括職場工作（見第九章）。工作上隨時遭到監控，便是隱私背後的負面影響。這也是稍早提到不同隱私面向正在趨同的領域例子（此例子趨同的是地域隱私與資訊隱私）。雇主可以利用你的個人資訊推斷「其他類似員工」會有的舉動及習性。被演算法「摸透」其實愈來愈像是被監視器「監視」。

AI、隱私與選民

　　2017年上半年的一則英國脫歐公投新聞，恐將改變英國與全球各地選戰風貌。根據英國媒體報導，劍橋分析（Cambridge Analytica）等相關公司（爲便利起見，以下集體稱之爲「劍橋分析」）提供選民精準投放資料服務，助脫歐陣營一臂之力。過了十八個月，英國資訊專委伊莉莎白·丹翰（Elizabeth Denham）在2018年11月發布調查報告，調查過程動用40名調查人員，找出172個相關組織、71名證人，發布31份釋疑請求通知書，執行兩次搜索，提起一次刑

事訴訟，扣留證物包括 85 件設備、22 份文件與 700 兆位元組（TB）的資料（相當於 520 億頁的證據）。[21] 調查披露選戰運用民眾個資的手法，會針對潛在選民精準投放政治訊息與廣宣。而且有一套由資料掮客、政黨與選戰組織，以及社群媒體組成的複雜資料分享系統在背後運作。資訊專委總結認為：「我們也許無法得知民眾在英國脫歐公投或美國選舉中的投票意向，是否在不知情的情況下受到影響。但我們知道的是，民眾的隱私權確實被多方要角破壞，數位選舉生態系統必須改革。」[22]

　　這裡主要的顧慮，同樣是資料被基於某個目的蒐集，結果卻是在未經當事人同意且違反 Facebook 官方政策的情況下，運用於截然不同的目的。資訊專委發現，劍橋分析夥同一名大學研究員亞歷山大‧寇甘博士（Dr. Aleksandr Kogan）成立一家叫作 GSR 的公司，由該公司與劍橋分析合作開發名為 **thisisyourdigitallife** 的新 App。App 取得登入 Facebook 用戶的授權之後，GSR 與劍橋分析即可獲取用戶及用戶 Facebook 好友的個資（若要阻止資料分享，Facebook 好友必須在 Facebook 個人檔案頁面取消勾選某個預設是勾選的項目，但幾乎不會有 Facebook 用戶這麼做），接觸約 32 萬名登入 Facebook 帳號後曾經做過詳盡性格測驗的用戶，蒐集其公開的個人檔案資料（如出生年月日、目前所在城市、用戶被標記的相片、用戶點讚的頁面、時間軸與動態牆貼文、好友名單、電子信箱與 Facebook 私訊）。據 Facebook 估計，包括受到影響的 Facebook 好友在內，約有 8,700 萬人使用過該 App。[23]

該棄隱私不顧嗎？

　　有鑑於上述顧慮，難免會有人納悶，隱私已死了嗎？其實恰好與人們的看法相反，在 AI 時代，隱私的需求不減反增。許多民意調查顯示，消費者很重視網路隱私。2015 年美國消費者報告指出，88%的民眾注重不被監聽或監視，皮尤研究中心（Pew Research Center）做過一份研究同樣發現，大多數美國人認為在日常生活保有隱私是重要的，甚至非常重要。網路生活方面，93% 的成人表示掌握自己的個資被誰獲取很重要，95% 的人則重視哪些個資被蒐集。同一份調查卻也顯示，將近三分之二的民眾不相信自己在網路上的活動會被網路廣告業者、社群媒體網站、搜尋引擎業者或影音網站妥善保存。【24】

　　長久以來，隱私國際與電子前鋒基金會（Electronic Frontier Foundation）等全球公民團體及消費者權利團體都在敦促用戶積極控制網路上個資的蒐集與使用。這些團體也提倡簡化隱私保障做法。遏制網路廣告影響不是沒有辦法，意外的是很少人會去執行。有些情況是企業從中阻撓，像是如果不同意通話被錄音，就不提供用戶相關服務。但有些情況則是，用戶從事網路活動再怎麼謹慎，像是不使用某些平臺，或者貼文內容不透露政治理念、健康狀態或社交活動，演算法仍可預測用戶打算從事什麼。如果不停用 Facebook 的「朋友權限允許」功能，你的個資就可能被存放在好友的社群媒體帳號，一旦好友允許其他 App 存取聯絡人名單，你的個資就會有安全疑慮。

在這個 AI 時代，保護得了隱私嗎？

　　如今，個資與非個資的分際變得更加模糊，出現新型態的資訊利

用與新型態的資訊蒐集，個資運用也有新手法，會去藉由機器學習工具創建個人圖像並預測個人行為。所以目前談到的不同隱私面向既會擴張，也會收縮，讓人感到興奮、複雜卻又混亂。讀者可能會問，既然如此，有辦法更好地保護個人隱私嗎？除了對自己的隱私更負責一點，還有其他辦法嗎？

有人呼籲從科技開發的角度強化隱私。安・庫瓦基恩（Ann Couvakian）提出「合於隱私的設計」概念，期許業者開發有助提升隱私的科技。[25] 歐盟《一般資料保護規則》（GDPR）前所未見地在某些情況下限制自動化處理，規定要向民眾告知有關利用自動化處理、背後的運作邏輯，以及自動化處理對當事人的意義與期望結果。該規則也規定當事人有權更正與刪除個資。

機器學習的預測要能夠準確，有賴於未來與過去相仿（見第一章說明）。只要用來訓練與測試演算法的資料繼續相同，則預測結果也會相同，這不會有問題。然而資料很少是靜態，人會變，會發展新技能，會結束感情關係，展開新的感情關係，會換工作，也會培養新興趣。有些人偏偏就是不符合某個年齡、性別、性向或族裔該有的樣子，因此得出的推斷可能是根據過時或「髒」數據（dirty data）做成。既然推斷分析將普遍持續存在，重點就在於進一步立法，提供比 GDPR 有限規範更佳的保障。哪些事情可以被允許合理推斷？在什麼狀況下？根據哪些控管措施前提（如 GDPR 某種程度已規定的取用權、修正權與挑戰權）？近期有人提議新增合理推斷權，讓個資法的重心由傳統個資法注重的個資蒐集與利用，移轉到個資的產出。[26] 握有個資者必須說明據以得出「高風險」推斷結果的資料，其與推斷結果之間的相關性；必須說明推斷的目的；也必須說明資料與推斷的方法在統計上是否可靠。

　　司法體系也要清楚說明推斷資料的地位，獲得保障的幅度是否等同於奠定其基礎的初級個資（蒐集與觀察到的個資）？有人建議，只要資料處理的內容、目的或結果涉及可被辨識的個人，則可以將推斷資料視為個資。【27】

　　本章談了自由與自願性等課題，下一章會更深入探討個資的合法與非法利用是如何可能危及人類身為行動主體的自由。

第7章

自主

　　自由社會重視人的自主，不僅法律文化保護與珍惜這種自主，流行文化亦然。有人認為，不自主的人生不值一活。派崔克‧亨利（Patrick Henry）據稱曾在 1775 年 3 月 23 日第二次維吉尼亞立憲會議召開期間發表激昂演說，鼓吹民眾支持美國革命戰爭，並以一句「不自由，毋寧死」作為結尾。從新罕布夏州的建州箴言也可見到類似思維，上面寫著「活得自由，否則寧死」，傳達昂然壯志。然懷有此番情操者，不限於美國。例如希臘，建國箴言「Eleftheria i Thanatos」意即「自由，否則寧死」。身陷困境者往往也會藉由個人自由與自主的抱負獲得慰藉。納爾遜‧曼德拉（Nelson Mandela）在羅本島身陷囹圄期間，即透過覆誦威廉‧歐內斯特‧亨利（William Ernest Henley）的詩作《永不屈服》（Invictus），安慰獄友，也安慰自己。此詩作於十九世紀末、亨利歷經多重手術初癒之際，內容歌頌人的自我主宰、獨立與韌性，並以不朽詩句「我是命運的主人／靈魂的船長」結束。

　　既然自由社會如此珍視人的自主，勢必要問 AI 與演算法決策會對人的自主產生何種影響。事實上，負面影響的顧慮還真不少。有人擔心，民眾不久就會被囚禁在預測型演算法所構成的「無形有刺鐵絲網」，做選擇時受其推促、操縱與逼迫。[1] 其他如以色列歷史學家尤瓦‧諾亞‧哈拉瑞（Yuval Noah Harari）等人則認為，廣泛運用 AI 的最終後果，是形成一套科技基礎架構，原本自主的人類決策者在做選擇時不再是受其推促與操縱，而是被取代與排除。[2] 這些人的論點是否正確？AI 真的會危及自主嗎？還是 AI 是又一例能夠促進人類自主的科技？

　　本章會跳脫這種大吹大擂與危言聳聽，改以更細膩的方式引導讀者思考 AI 與個人自主之間的關係。一共分為四個步驟：首先會釐清

自主的本質與價值，說明自主的意義，以及司法制度如何體現自主。其次，會探討 AI 對自主的潛在影響，尤其是科技是否會給個人自主帶來新穎且未預料到的威脅。再來，會探討究竟是私部門還是公部門比較可能出現 AI 對自主的負面影響，或者兩者都會。換言之，要問的是：「要比較提防誰？大企業還是大政府？」最後，會探討先進 AI 時代下保障個人自主的方式。

　　本章的基本立場是，人們確實應該提高警覺 AI 可能危及人類自主，但不應誇大危害，也不要以為身為公民的我們無力阻止危害發生。

自主的三種維度

　　在探討 AI 對自主的影響之前，必須先明白「自主」的意義。本章開頭段落夾雜了自主、自由、獨立與自我主宰，這些理念是否相同，還是有重要區別？為此哲學家與政治理論家數千年來爭論不休。像是「自由」與「自主」的定義，就曾被發展成複雜系譜、分門別類與多維度模型。[3] 光是整理與找出最佳定義，就足以寫成好幾本書。本章無意這麼做，而是要提出一個特定的自主模型，模型靈感汲取自古老哲學爭論，熟悉爭論內涵者勢必清楚學說來源，但讀者即使不懂學說，也無礙於理解以下討論。本章會提供相當乾脆、完備與細膩兼具的定義，讓讀者理解自主的內涵之餘，也能夠認識 AI 會對自主產生哪些多重影響。

　　這種自主模型內涵為何？首先是贊同「自主」一詞的日常定義：一個人如果「自主」，勢必能夠選擇人生要怎麼過；能夠自我管理；也不會受到他人干預與操縱。這種自主概念認知是很好的出發點，除

了代表自主須有基本思考技能——特別是從各種可能的行動方案做抉擇——也須能夠相對獨立地實踐這項技能。

法政哲學家約瑟夫・拉茲（Joseph Raz）曾經提出知名的自主定義，為此自主模型增添內涵。

想要創造與主導自己人生的人，必須具有心智能力去形成足夠複雜的意圖並且安排實踐意圖。心智能力包含最起碼的理性、實踐目標手段的理解力、行動安排所必備的心理機能等。一個人如果要樂在自主人生，必須利用這些機能選擇人生。換言之，他必須要有適當的選項可以選擇。最後，所做的選擇不得是出於他人逼迫或脅迫，他必須是獨立的。[4]

按照拉茲的定義，自主分為三個要素：1. 人具有朝向目標行事的基本理性；2. 人有適當選項可以做選擇；3. 人是獨立做出選擇，不受他人逼迫與操縱。該定義適用於個別決策，也適用於整個人生。換言之，拉茲指的自主，可以泛指人生是自主的，也可以專指特定決策／一串決定是自主的。有人則傾向以不同用語來區分不同分析範疇。哲學家傑洛・德沃金（Gerald Dworkin）便主張以「自主」一詞指涉整個人生（或相當部分的人生），另以「自由」指涉個別決策。但這種做法會造成混淆，因為後續會看到，「自由」一詞也專指拉茲自主定義的第三個條件。故後續只會以「自主」一詞來指涉作者們想探討的現象。此外，也不會討論 AI 對整個人生的影響，只會談 AI 對特定決策或特定決策脈絡的影響。

拉茲的自主三要素容易被視為三個必須符合的條件。全部符

合，決策才是自主，不全部符合就不自主。惟此思維過於二元，反而應該將三個要素視爲決策自主不一的**維度**。三個要素所對應的三個維度分別是理性、選擇性與獨立性。一個決策的每個維度都要跨過最低門檻，才能算是自主。一旦跨過門檻，決策的自主程度則有高低之分。

　　以實例說明，試比較兩個不同決策：第一個是從 Netflix App（或其他串流軟體）的影片推薦列表選出想看的影片，再根據影片簡介挑出最想看的一部。第二個決策是根據 Google 地圖（或其他地圖導航服務）建議的路線中選出一條。App 建議的一條藍色路線標示比較突出，另一條灰色路線標示則較不突出。於是你照著比較突出的路線走。你所做的這兩個選擇，都是自主的嗎？也許吧。在此預設你具有朝向目標行事的基本理性，App 除了提供不同選項讓你選擇，顯然也不會逼迫你做選擇，或者操縱你的選擇（惟這一點後續會再做評估）。至於是否其中一個決策會比另一個更自主？可能吧。直觀來看，Netflix App 在第二維度與第三維度的評價較高，因爲該 App 提供的選擇與資訊較多，也不會突出顯示或推薦某個選項。亦即，讓你有更多選擇，也更獨立。

　　三維模式是思考自主的好方法，除了讓人認知到自主這件事並不簡單，也可避免採取簡化與二元思維。自主並非單純是或否的問題，決策自主有程度之分，也有不同方式可以去破壞或促進決策自主。重點在於，不同維度之間可能會面臨取捨，平衡維度才能促進自主。例如，決策不會因爲選項的增加而**無止盡**更加自主。選項增加到了某個程度，更多選項只會令人不堪負荷、更加混亂且損及人的基本理性。此乃心理學家所謂「選擇的悖論」（後續會詳述）。[5] 同理，爲了達到最大程度的自主，可能不得不去限制選項，以及進行有限度地逼

迫或干預。例如，湯瑪斯‧霍布斯（Thomas Hobbes）在主張主權國家的知名論據中提到，人民需要國家在背後有限度地逼迫強制，才能防止彼此激烈衝突。

這三種自主維度都值得深究，其中獨立性維度格外值得探討，它與「自由」（freedom and liberty）這個普遍政治概念不謀而合，也就是一個人要自主，就必須是自由且獨立。但究竟自由與獨立所指為何？拉茲的概念中，是指不受逼迫與操縱。但逼迫與操縱的概念本身極具爭議，表現方式也有所不同。比方說，逼迫往往是指若不做出某種選擇，就要威嚇干預（「不做的話你看著辦！」），但操縱則較細膩，多半會嘗試去洗腦或訓練一個人認同某個選項。現代政治理論在談自由時，還會對自由的意義做出重要區分，一種是決策並未受到**實際**干預，一種是決策既未受到**實際**干預，也不會有**潛在**干預。前者指涉的是約翰‧洛克（John Locke）及霍布斯的古典自由理論，後者指涉的是馬基維利（Machiavelli）與當代愛爾蘭哲學家菲利浦‧裴提（Philip Pettit）的共和理論自由觀（勿與美國共和黨混淆）。【6】

兩者區別可以用裴提的簡單例子說明。想像一名奴隸由另一人合法持有與控制。奴隸的主人剛好仁慈且開明，縱使有合法權力可以隨心所欲強迫奴隸，卻不行使權力，使得奴隸生活相對幸福，並未受到實際干預。試問奴隸自由嗎？抱持共和理論自由觀者不這麼認為。奴隸雖然沒有被積極干預，卻依舊活在**宰制**狀態。仁慈的主人可能只容許奴隸在恣意界定的範圍內行動，也可能隨時改變心意干預奴隸的選擇。這有違自由。共和理論者認為，問題在於古典自由理論並未顧及這種狀況。若要恰當保障個人自由，便須將決策的實際干預與潛在干預都考量進來。人如果活在其他人潛在的宰制之下，是無法自由的。

這種看法十分合理，因此三維度自主模型中的獨立性維度，至少

也必須考慮到實際干預與潛在干預。

　　自主的本質討論得差不多，至於自主的價值呢？為什麼有人寧願死去，也不願意活得不自主？這個問題沒有明確答案，但作者們起碼**能夠**提供一些回答它的方式，由讀者自行判斷自己重視自主的程度。

　　大致上，自主價值有兩種思考方式。第一種是將自主視為**內在價值**，也就是不論後果或影響為何，自主本身是有價值的。抱持這種看法的人，會將自主視為人類繁榮的基本條件，人類要自主人生才能過得美好，甚至認為不自主的人生不值得活。第二種思考方式則是將自主視為**工具性價值**，也就是因為會產生典型後果或效果，自主才有價值。抱持這種看法的人，雖然也很重視自主，不過理由卻是因為自主有利於產生好結果。這種看法不僅普遍，也是政治與法律上支持自主的理由。主要概念在於，人民在不受干涉的情況下會過得更好，能夠做出最有利本身福祉的選擇，無須國家或第三者代勞。相對地，**家長式**（paternalistic）觀點認為人的行為不見得總是符合自己的最佳利益，偶爾需要別人協助。現代政治充斥這兩種觀點的論戰，光譜的一端有人抨擊「保姆國家」自以為內行，老是干預。光譜的另一端有人感慨同胞如此不理性，凡事交由人民自行決定的後果，會讓人變成肥胖癮君子。大部分人的立場，則是介於兩者極端之間。

　　當然也可以認為自主同時具有內在價值與工具性價值，除了本身有價值之外，也有利於產生更好的結果。甚至有些看法很異類，像是本書其中一位作者就認為，自主既不具工具性價值，也不具內在價值，而是讓好事更好，壞事更壞。[7] 試比較兩名連環殺手，其中一人自主選擇殺害多人，另一人被洗腦殺害多人。哪個殺手的行為比較惡劣？顯然是前者。後者的惡性似乎因缺乏自主而減弱。儘管行為仍然惡劣，畢竟多人因此喪命，但通盤考量下來，自主選擇所造成的死

亡似乎更為惡劣。同理，自主行動促成的好事，會比意外發生的好事更好。

　　不論讀者抱持何種看法，都免不了要考量其他複雜層面。首先，自主屬於價值的哪個位階？人生許多事情都有價值，像是健康、社交、友誼、知識、幸福等。和這些事情相比，自主究竟比較重要，還是比較不重要？還是一樣重要？人們應該犧牲一些自主，換取活得更久、更幸福嗎（家長式論調者的觀點）？還是應該贊成派崔克‧亨利的看法，失去自由比死亡更糟糕？人們的答案會相當程度決定自己有多重視 AI 對人類自由的威脅。

　　打個比方，第六章談過隱私的重要，許多哲學家、律師與政治理論學者也都這麼認為，然而民眾是否真的重視隱私，則不無疑問，畢竟民眾在網路時代為了獲取快速有效率的數位服務，似乎願意放棄隱私權。有人因此認為人類正在過渡到後隱私社會。至於自主，是否也是如此？人們是否也會為了 AI 的好處而放棄自主？是否也在過渡到後自主社會？這些都是面對自主潛在威脅時必須認真看待的課題。

　　最後，撇開自主的評價不論，還必須考慮自主與其他基本法律權利與基本自由的關係。例如，自主價值是言論自由、遷徙自由、契約自由、結社自由、隱私權以及免於侵擾權等許多古典消極法律權利的根本基礎。這些權利除了可以從經濟與政治層面獲得證成，也可以從自主層面被證成。保障這些權利有利於增進自主。總而言之，不論對自主的評價為何，自主是法律與政治架構的基礎，應無庸置疑。自主對所有人都有利。

人的自主會被 AI 與演算法決策破壞嗎？

　　對自主的本質與價值有更深一層的了解之後，讓我們回到主要問題：人的自主是否會因為 AI 與演算法決策的廣泛運用，而遭到破壞？前面提過，社會評論家與批判人士確實如此認為，但我們可以透過三維度模型進行更細膩的分析，檢視新科技給三個自主維度帶來哪些影響。

　　首先必須承認，自主問題某種程度上確實堪慮。以第一維度「基本理性」為例，前面幾章提過基本理性是如何受到 AI 與演算法決策工具的影響。基本理性倚賴人們能夠理解行動與目標之間的關聯，要有能力理解這個世界的因果結構，再選取最有利於實現目標的行動。AI 的問題出在可能會阻礙人們理解因果關係。像是第二章提到不透明與無法解釋的問題，AI 系統確實很可能只會提供行動建議，要求人們遵照辦理，卻不提供理由，也不說明選項與目標之間的關聯，只能叫人憑白信之。布萊特・佛里希曼（Brett Frischmann）與艾凡・賽林哲（Evan Selinger）在最新著作《重設人性》（*Re-Engineering Humanity*，暫譯）中將恐懼推至極致，認為過度倚賴 AI 的人類會被重設成「刺激─反應」的簡單機器，[8] 收到 AI 的建議都不會經過批判反思，便不假思索地採納，破壞基本理性。

　　選擇性維度也有類似問題。「篩選」與縮小選項範圍是 AI 最為普及的消費型態服務應用。舉例來說，在 Google 搜尋引擎查詢資訊時，Google 會對各種相關網頁連結做篩選與排序，從而縮小民眾需要處理的選項範圍。Netflix 與 Amazon 的商品推薦機制也很類似，會從使用者過往行為（加上其他顧客的行為）學習，再從一大堆有關的商品中提供使用者有限的選項。通常這種選項篩選是好的，會有利於

決策。但如果 AI 系統只做出一、兩種建議，其中之一更標示「95%
信心水準」，人們便不得不質疑這種做法是否有利於人的自主。選項
如果太少，人又被勸退不要批判反思這些選項，形同喪失主宰自己人
生的重要元素，第五章所談的控制其實就是在談這個問題。

　　最後，AI 也會破壞獨立維度。該維度其實是最可能會受到 AI
普及的摧殘，因為 AI 會讓決策過程出現許多實際與潛在干預機會。
一種可能性是 AI 直接脅迫對象就範，或者藉助 AI 脅迫對象就範，
像是不遵照 AI 助手的建議就會威脅終止服務。家長式政府與企業
（如保險公司）可能會利用科技這麼做。另一種干預則比較隱晦，
透過 AI 加持的廣告與資訊管理形成過濾氣泡（filter bubble）與同
溫層（echo chamber），[9] 讓人受困在科技形成的「史金納箱」
（Skinner boxes），服從某個意識形態政黨就有甜頭吃，實際上卻被
操縱偏離自己真正的喜好。有跡象顯示這件事已經發生，假新聞與
極端對立政治廣告紛紛藉助於 AI，後果堪憂。[10] 有些廣告屬於最
細膩、陰險的主宰型態，傑米・蘇士金稱之為**覺察控制**（perception
control）。[11] 一如字面上意義，覺察控制就是要影響民眾對於世界
的感知。篩選則是覺察控制的關鍵。世界既混亂又令人無所適從，
和它交手必須要靠媒介，才不會被大量細節淹沒。篩選排序固然可
以由民眾親自來做，但更可能會是委由其他像是新聞媒體、社群媒
體、搜尋引擎與其他排序系統代勞，變成是由某人（或**某個東西**）
來判斷什麼樣子的資訊才是切題的，需要多少脈絡才能讓人理解，
以及需要提供民眾多少資訊。以往篩選作業由人操刀，如今人愈來
愈樂於倚賴能夠洞察自己喜好的複雜演算法協助。演算法可以可靠
地從一個人的消費紀錄、Facebook 上的按讚與分享行為、Twitter 推
文、YouTube 觀看紀錄等，推測其喜好。舉例來說，你在 Facebook

上看到的動態消息，是結合「點擊、按讚、分享與留言」行為在內等 10 萬個因素篩選出來的。[12] 放到民主脈絡來看，這種科技會藉由精準政治廣告投放，助長積極操縱行為。「隱藏式貼文廣告」（dark ads）的受眾很可能是最容易受其影響的一群人，他們卻無從實踐觀念市場正常運作所不可或缺的公開駁斥與質疑。新興數位平臺促成的覺察控制幅度史無前例，權力也恐怕會史無前例集中到少數科技巨擘與執迷於維護法律秩序的各國政府手中（見以下說明）。[13]

　　此外，由於政府與大型科技公司廣泛監視一般大眾，民眾生活出現新的宰制型態，無時不刻身處數位版圓形監獄（panopticon），一舉一動受到觀察與監控。儘管沒有持續受到積極干預，但只要一踰矩就很難說。民眾的處境宛如數位奴僕，生活方方面面都得看數位主人的臉色。這有悖於共和理論的自主觀。[14]

　　然而，實情不盡然如此，AI 與人類失去自主，這兩者容易過度危言聳聽，必須持平看待。AI 也可能會促進並提升自主。AI 會將資訊加以管理並組織成有用的組合，藉此協助人類在混亂不堪的現實中理出頭緒，不僅不會阻礙人類理性的發揮，更會促進其實現。同理，只要不要做得太誇張，先前提到的篩選與選項限縮也會讓待決問題在認知上更加可控，畢竟太多選項會讓人裹足不前。縮小選項範圍能夠讓人再度發揮。[15] AI 助手也可以形成屏蔽，讓人免於外界干預與操縱，像是當作複雜篩選器，替民眾把關過濾意識形態垃圾資訊。最後一個重要認知是，AI 科技多半更能夠讓人駕馭世界，成就以往所不可及之事。民眾從 Google 獲得的有用（與無用！）資訊，比起從祖先身上獲得的還要多。Netflix 提供民眾更多娛樂，Alexa 與 Siri 等 AI 助手讓時程管理與安排更有效率，善用 AI 是人類自主的一份福氣。

　　另外也要考量可能是維持現狀的偏誤或損失規避在作祟。[16]每當新科技登場，人們總是匆匆揪出缺陷，舉出科技對個人自主等珍視價值的威脅，卻不察現況早已包含這類威脅，欠缺敏感度。AI對個人自主的威脅也是如此。不可能消除所有可能威脅。人類命運並非全然由自己創造主宰，而會倚賴自然環境、倚賴彼此。況且人類相互削弱自主的歷史已久，數百年來相互削弱理性，限縮對方選擇，進行意識形態操縱。方式包括宗教文本與政府命令。儘管如此，人類也創造出相當健全的憲法立法架構來防範這類威脅。還有道理認為AI對個人自主的威脅，有何特別或不同之處嗎？

　　或許吧。人類自主不是頭一遭受到威脅，但是AI確實讓威脅有了新的實現態樣。例如，AI引發的一個顧慮在於會讓削弱自主的大權集中於幾個要角（如政府與大型科技公司）。長久以來，削弱自主的權力未曾如此集中在少數人身上，過去舉凡鄰居、親朋好友、國家與教會，都可以試圖干預民眾的決策，以意識形態制約民眾的行為。有些角色力量相對不大，毋須擔心他們造成威脅。不同力量也可以期待會互相抵銷，或者可以去忽視不顧。今後恐怕不再是如此。網路連結所有人，讓少數關鍵企業（如Facebook、Google與Amazon）與資金雄厚的政府機關得以在這種環境下不成比例地限縮人的自主。從企業面來看，各個企業要角也可能會有強烈誘因要在意識形態上朝相同方向制約民眾。社會心理學者暨社會理論家肖莎娜‧祖博夫（Shoshana Zuboff）在《監視資本主義時代》（*The Age of Surveillance Capitalism*）中主張，所有主要科技平臺都有誘因促使監視資本主義實現，[17]這種意識形態會使人對大眾數位監視及預測分析感到習以為常，有助於這些平臺從個人資料與作業獲取價值。她認為在做法上會很細膩且隱密，民眾展開雙臂享受數位服務便利的

同時，也習慣隱私與自主層面所要付出的代價。政府利用 AI 也是如此。舉例來說，中國政府與民間企業聯手打造的社會信用體系，便是藉由數位監視與演算法評分制度來樹立良好公民模範。[18] AI 透過網路廣泛散播的後果，是讓少數要角擁有破壞自主大權，恐空前威脅自主。

　　比起傳統威脅型態，AI 另一種侵蝕自主的方式更難抵禦及反制。數十年來，政策圈流行「推力」（nudge，或稱輕推）的概念，這是凱斯・桑思坦（Cass Sunstein）與理查・塞勒（Richard Thaler）在《推力》（*Nudge*）書中首度提出的觀念，[19] 兩人想要利用行為與認知心理學的研究成果改善公共政策。數十年以來的研究顯示，人類做決策時會陷入系統性偏誤，既無法正確判斷可能性與風險，也會規避損失，目光短淺，[20] 使得行為往往不利長期福祉。既然如此，家長式干預似乎有合理餘地，因為不能期待民眾會做出正確的決定，便得由其他人代勞，像是由政府出手導正人民。桑思坦與塞勒提出的問題是：「要如何在不會完全破壞人的自主前提下達成這個目的？」答案是以推力取代強制，讓人行事正確，也就是利用行為心理學的成果來輕推或誘發民眾做對的事，卻又讓他們擁有排斥被推促、行使個人自主的餘地。這有賴於細心設計民眾日常會遇到的「選擇架構」，使特定選擇更可能成真。桑思坦、塞勒兩人建議的「推力」典型例子如：將選擇同意制（opt-in）類型政策替換為推定同意制（opt-out）（利用人類天生的惰性與維持現狀的天性），換個方式呈現風險，強調民眾可能的損失幅度，而非收益面資訊（利用人類規避損失的天性），以及換個模式呈現資訊，讓特定選項更加突出或吸引人（利用人類理解世界的天生癖性與偏誤）。

　　推力是否真的有助於維護人的自主，這一點各界多年來爭論不

休。有人擔心在刻意操縱與黑箱作業下，推力最後會削弱民眾為自己抉擇的能力（因為在沒有意識到自己被推促時，推力的效果最佳）。桑思坦認為只要符合某些規範，推力就能夠保留人的自主。[21] 不論這些主張是否有理，在管制理論學者楊凱倫的眼中，AI 工具會帶來新的、更極端的推力型態，也就是「超推力」（hypernudging）。[22] 她的論點是，軟體工程師可以利用持續性數位監視與即時預測分析，創造出會不斷隨著用戶喜好調適與回應的數位選擇架構，以便推促他們往正確方向前進。就算用戶學會排斥被推促，AI 系統也能夠更新選擇架構，以新的推促取而代之。民眾變得難以抗拒推促，也更難實踐自主。

　　同理，AI 會帶來更普遍且更細膩的生活宰制型態，哲學家湯姆・歐謝（Tom O'Shea）在談別的主題時，提出「微型宰制」（micro-domination）的概念，[23] 也就是要靠其他角色（「主人」）的引導與許可，才能夠進行許多日常微小的決策。歐謝舉例，住在療養中心的身心障礙者在做任何決定時 —— 包括何時起床、何時上廁所、何時用餐、何時外出等 —— 都須經過療養中心工作人員的同意。若工作人員說什麼，身心障礙者就做什麼（包括遵守療養中心的日程表），則不會有任何問題。但如果不從，馬上就會發現無法如己所願做事。個別來看，這些決策沒什麼大不了，既不影響重要權利，也非攸關生死的決定，但當所有「微型」宰制情形加總起來，恐怕就會相當干預個人自主。

　　AI 應用普及也可能會出現類似狀況。以傑曼虛構的一天為例：早上被睡眠監控系統叫醒，每天晚上他會用它來記錄睡眠規律。系統會觀察傑曼的睡眠狀況，在最恰當的時刻叫醒他。進到公司後，傑曼快速瀏覽社群媒體上的動態，上面資訊都是針對他的喜好、興

趣而設定，接著他被敦促發布一則最新動態讓追蹤他的粉絲曉得其近況（「追蹤你的 1,000 名 Facebook 粉絲有好一陣子沒聽到你的消息了」）。工作一段時間後，手機突然震動，原來是健身 App 提醒他該跑步了。當天稍晚，傑曼利用 Google 地圖導航駕車赴市區另一頭的會議，途中偶爾偏離路線，Google 地圖會重新計算並給予新的路線建議，他也會照著走。為了節省時間與力氣，他開車時總是盡量開啟自動駕駛模式，惟偶爾會遇到須接管駕駛的狀況，因為路上出現自動駕駛軟體設計上無法處理的阻礙情況。相同例子不勝枚舉。傑曼日常生活中所做的眾多微小且堪稱瑣碎的選擇，如今都受制於演算法：要走哪條路；要跟誰說話；什麼時候去運動等。只要照著 AI 建議的喜好與選項走，便不會有太大問題。如果不從，馬上就會發現自己竟然如此依賴 AI，不太能夠隨心所欲做事（直到過一陣子習慣新常態為止）。

　　以上顧慮並非空穴來風，現實中早已成真。社會學家珍奈・維特希（Janet Vertesi）提過，她和丈夫為了不讓會追蹤購物紀錄、關鍵字搜尋與社群媒體對話內容的網路行銷業者知道自己懷孕，結果卻被當成潛在罪犯。

幾個月來，我總是跟家人開玩笑說，自己過度使用 Tor 與提款功能，八成已經被列入觀察名單。後來，為了要在 Amazon 線上購物平臺購買嬰兒車，先生到附近轉角商店買了能夠湊足金額的禮物卡，這時看到收銀員後方一個警告牌子寫著：「本店有權規定預付卡每日購買張數上限。也有義務通報當局過度交易情形。」[24]

　　她一踏出數位圓形監獄，旋即發現這座監獄威力無比。

　　AI 作用下的超推力與微型宰制，結果可能造成某種習得的無助感。人們想要擺脫 AI 服務與 AI 工具的影響束縛，卻太困難與勢不可當，傳統抵禦方法不再可行，服從比較容易。

　　以上說明不免令人感到灰暗，看來 AI 對自主的威脅確實不同，雖不至於自成一類，但範圍與規模都較傳統威脅為大。

　　不過，必須對這種負面看法持保留態度。上述威脅都是根據 AI 本質與演算法力量的反省推論而來，不是根據謹慎經驗研究來確認其實際影響。可惜目前還沒有太多經驗研究成果能夠確認影響，惟零星研究成果顯示上述威脅不會成真。例如，民族誌學家安潔爾・克里斯汀（Angèle Christin）曾經深入研究描述型分析工具與預測型分析工具在不同工作領域帶來的影響，[25]特別是去檢視即時分析在網路新聞的作用，以及演算法風險預測給刑事審判帶來的影響。結果發現，儘管兩種領域從業人員對科技感到躍躍欲試，也有相當的顧慮，實際上卻發現科技影響不大。從業人員常會忽略演算法工具提出的資料與建議。其中，最突出而且重要的研究成果，是與本書主旨有關的刑事司法風險預測。前面幾章提過，外界擔心這種工具帶有潛在偏誤與歧視，但克里斯汀發現實際上這種工具不受到重用，要麼完全被眾多律師、法官與假釋官忽視，要麼被刻意「玩弄」到提供他們想要的答案。從業人員也對這種工具的價值有不小疑慮，除了質疑背後的方法學，也比較相信自己的專業判斷，而非科技提供的判斷。[*1]同理，所謂意識形態制約這一回事——尤其是在政治領域——似乎有誇大之嫌。固然有證據顯示，不同群體與國家會在網路上散播假新聞與假消

[*1] 第五章提過，如果 AI 被認定沒那麼優秀，則不會導致自滿。

息，【26】而且多半是透過機器人（bots）爲之，而非眞正人類。然而政治學家安德魯・蓋斯（Andrew Guess）、布蘭登・尼漢（Brendan Nyhan）、班傑明・黎昂（Benjamin Lyons）與傑森・萊夫勒（Jason Reifler）等人所做的研究發現，民眾並不像是一般人擔心的那樣困在數位同溫層，許多人的新聞來源仍然倚賴傳統主流新聞媒體，更別說是比較容易在**現實生活**中困在同溫層，而非網路世界！【27】

　　有鑑於這類研究成果，加上 AI 有可能有利於促進自主，讓作者們可以謹愼樂觀。直到人類被迫違反自身意願使用 AI 之前，人類其實比自己想像中還要有能力去抵禦 AI 的負面效果，這一點必須特別強調。不要被無助感與悲觀的命定論牽著鼻子走。

大型科技公司或者大政府？

　　前面討論的內容帶出一個次要問題。作者們已經說明 AI 對民眾的自主產生的威脅，也解釋爲何要用三維思維更細膩地評估威脅，卻沒有區分威脅的來源。到底要比較提防大型科技公司，還是大政府？做這種區分，重要嗎？

　　在某些人眼中或許很重要。有個古老比喻是這麼形容那些死硬支持企業、反對政府的自由主義者（常見於矽谷地區）：提防政府侵害個人自由的同時，卻對民間企業侵害個人自由無動於衷。

　　乍看之下，這種不一致令人不解。只要是對自主的威脅，都應該同樣受到重視才對吧？但這種雙重標準其實也有道理，因爲政府的強制力多半大過企業。民眾可以選擇要不要使用企業提供的服務，企業之間也往往會彼此競爭，讓你有其他選擇。政府提供的服務則**沒有選擇要或不要的餘地**：民眾不能自願不接受服務（除非是移民或流亡海

外）。順著這個邏輯檢視前面提到的論點，也許就該重新思考要多注重 AI 對個人自主的威脅。應該要提防少數來自政府的威脅，比較不須提防多數來自民間企業的威脅。

　　但在現代社會，這種立場並不可取，因為 AI 的利用存在著政商勾結。下一章會再深入探討這個主題，目前只要先知道，政府往往會採購民間企業的服務以履行自身功能，而這種功能會影響公民權利。以目前警政與刑事判決廣泛採用的預測分析工具為例，背後的擁有者與控制者是民間企業，企業提供服務給公部門並收取費用。同理，中國的社會信用體系──這恐怕是為規範公民行為所實施最為侵犯、也最為普遍的數位監視與演算法評分制度──也是政府與民間企業勾結下的產物。因此，在保障自主的這場戰役中，大政府與大型科技公司並不容易以一刀切做區分。

　　比較有爭議的是，也可以認為某些大型科技公司因為在現代社會中的地位大到不成比例，因此必須同樣以公部門的標準對待（起碼針對某些面向）。畢竟雙重標準只適用於民間企業之間存在競爭、人民也能夠選擇是否要使用服務的情況。但 Google、Amazon、Facebook 與 Apple 等大型科技公司在提供商品服務時，是否真的符合這種條件，則不無疑問。即使這些企業之間存在競爭，也多半會高唱「監視資本主義」的雙簧。*2

　　哲學家米歇爾‧洛伊（Michele Loi）與電腦科學家保羅‧奧利維‧德海耶（Paul Olivier DeHaye）寫過一篇題為〈如果資料是新石油，何時從資料獲取價值會變得不公？〉（If Data Is the New Oil, When Is the Extraction of Value from Data Unjust，暫譯）的論文，[28]

---

*2　以保障隱私的大型科技公司自居的 Apple，或許是個例外。

內容發人深省。他們認爲「主要科技平臺」應該被視爲基礎社會結構，因爲這些平臺對民眾的行爲與人際互動影響廣泛。Facebook 和 Twitter 等大型社群媒體平臺，就是最好的例子，會影響民眾日常溝通與互動。洛伊、德海耶兩人主張要求這些等同基礎社會結構的主要科技平臺維護基本社會政治正義原則，包括保障言論自由與結社自由等基本自由。Facebook 等平臺似乎也眞的開始體認到自己應盡的責任（儘管引來冷嘲熱諷）。【29】不論如何，起碼在某些情況下，大型科技公司與大政府的區分是不成立的。

最後，即使讀者不認同上述論點，仍然認爲要區分大型科技公司與大政府的威脅的話，務必記住一點：政府的威脅雖然比起企業的威脅更值得認眞看待，但不代表可以忽略或低估企業的威脅。確保民間企業不過分破壞人的自主，仍然攸關公民利益，政府也有責任避免這件事發生。

該怎麼辦？

目前已對自主本質與價值，以及 AI 可能給自主帶來的威脅有更清楚認知。隨即要探討如何因應這些威脅。這個問題會取決於讀者對自主的評價，如果覺得自主不是特別有價值，或者認爲自主僅有利於促進個人福祉，則對這種處境的看法會相對樂觀，也許會大力支持家長式超推力思維，期許藉助 AI 對抗人類的偏誤與不理性，讓人更長壽、更健康且更快樂。亦即，會接納後自由社會（post-freedom），因爲它帶來好處。

反之，如果讀者認爲自主很重要，甚至是核心價值，勢必會想要以行動促進並保護它。老話一句（說這句話的人可能不是湯

瑪士‧傑佛遜）：「自由的代價，是永遠保持警覺。」不論出處為何，乃是民眾在勇闖 AI 形成的新世界時，可以借鏡的好原則。針對個資與個人隱私全面立法保障——像是歐盟《一般資料保護規則》（GDPR）——是好的開始，這麼做能夠讓 AI 這把火的燃料（個人資料）控制在公民手裡。健全的同意規定（避免個資暗中被利用，或用於不明用途）、透明要求，以及個資控制權與個資刪除權的規定，都有助於保障自主。

　　不過，光靠這些還不夠，最終可能還是要靠特定法律權利與保障措施，才能抵禦 AI 破壞自主的威力。因此應該認真思考是否要去承認佛里希曼、賽林哲兩人主張的兩項新基本權利與自由，[30]即抽身的自由（freedom to be off）（意即不使用科技，也不要被智慧機器設計或制約），以及免於依照被設計的決定論（engineered determinism）行動的自由。佛里希曼、賽林哲兩人承認，民眾免不了會被其他人影響或干預，因為民眾必然要互相倚賴，也要倚賴環境。但倚賴 AI 則不一樣，應該要在法律上與政治上分開處理。過度倚賴 AI 會損及人類反省與獨立思考的能力。極端倚賴 AI 甚至不再需要自主做選擇，一切交由 AI 代勞。這兩項自由的設計目的，就是要避免繼續滾落這座滑坡。

　　按照兩人的看法，這些自由蘊含諸多積極與消極權利，如不被打擾權、不使用主要科技平臺權（對於抵禦操縱與干預乃不可或缺）。科技平臺與政府也有積極義務要增強民眾反省與獨立思考的能力。權利義務細節縱使有待商榷，惟獨有一件事情很清楚，也很重要，那就是要教育一般大眾認識科技給人類自主帶來的風險。傑米‧蘇士金在《未來政治》（Future Politics，暫譯）書中即指出，活躍且知情的公民，就是能夠保障人民自由的最佳堡壘。[31]

小結

　　結論是什麼？可惜沒有定論。自主這件事，是相對晚近的理念，[32]既受到自由民主國家珍視與保障，卻也始終飽受批評。AI興起帶來新的潛在威脅，類型雖不見得與以往不同，但範圍與規模肯定有所差別。惟若能聰明加以運用，AI將有利於自主的實現，同時增進民眾經由理性反思才做選擇的能力。為確保今後保有自主，必須對 AI 的濫用保持警惕，甚至實施新的權利與法律保障措施。務必記住，自主是一種複雜且多維度的理念，有眾多方式可以促進自主，也有不少方式可以打擊自主。若要維護自主的話，最好要從多維角度看待。

第 8 章

演算法在政府機關的運用

　　本章要談的是演算法決策工具在政府方面的運用，特別是機關單位。讀者可能納悶，既然到目前為止各章內容多少觸及 AI 與演算法決策在政府方面的運用，另闢一章討論此事，不啻了無新意。不，並非如此。前面幾章的課題雖然有觸及政府機關如何利用演算法決策工具，但光是利用本身就是值得正視的獨立課題。讓我們先從釐清課題內涵著手。

　　亞當・史密斯（Adam Smith）在《國富論》（*On the Wealth of Nations*）書中主張，經濟成長一大動能來自專業分工。他舉圖釘工廠為例，圖釘由金屬尖桿與扁蓋組成，「不熟悉這個行業的勞工」一天做一個都很勉強，「遑論要做 20 個」。但若將圖釘製程拆解成一個個獨立過程，復訓練勞工專門從事這些過程，則一組 10 人團隊「一日可生產多達 4 萬 8,000 個圖釘」。有了分工，生產力便大幅提升，進而增加「國家財富」。[1] 民間長久以來服膺於分工論，這也是目前多數企業運作的關鍵。企業利用科技時也會採取分工模式，從以往只訓練勞工分工作業，轉變為勞工、機器與演算法各司其職（第四章與第五章談過這種轉變）。

　　專業分工不只對民間生產力有利，也是社會組織的一般原則。湯瑪士・馬龍（Thomas Malone）在精彩著作《卓越心智》（*Superminds*，暫譯）中提到，人類文明的實現主要可歸功於「集體智慧」，也就是團隊合作解決問題的能力。[2] 遇到複雜問題的時候，基本原則就是將它拆解成更好處理的子問題，藉助不同人或組織的獨特知識，分工找出答案。

　　該原則也大量運用於現代國家行政管理。政府事務從來不簡單，發展至今複雜無比，也才會成立專門機關解決各種社會問題。有的職司醫療事務與管制，有的負責社會福利津貼發放，還有各式各樣

機關掌管金融、公共與民間運輸、傳播科技、資料蒐集科技、能源利用、環境保護、食物安全、藥物安全等業務。二十世紀中葉以來，行政機關數量與規模雙雙膨脹的「行政國」，儼然成為自由民主國家的常態。儘管機關成立的緣由往往是因應危機或出於政治考量，分工的實際好處也是有目共睹，如果沒有專業分工的機關解決問題，任何政治人物或民選官員都不可能治理得了如此先進、工業化且文化多元的國家。

　　從民主角度來看，政府機關專業分工會產生一個問題，也就是改變公民與權力機關的關係。確切來說，**會削弱正當性**（legitimacy）**關係**。什麼意思？問題大致如下：分工後的專門機關，其權力往往影響公民甚鉅，能夠剝奪人民權利及特權，可以處刑、罰款，讓民眾生活不順遂。一個沒有其他收入來源的人，政府機關又不發放福利津貼給他，將嚴重影響此人正常生活。自由民主國家有個根本道德預設，在於這一類的權力行使必須要有**正當性**為依據，否則不得為之。[3] 但不同人對這句話的意義有不同詮釋。對哲學家與政治理論學者而言，權力要能夠正當行使，必須滿足某些「正當性條件」。最直接的做法，是取得受權力影響者的同意，這也是民間企業傾向的做法，像是請顧客在合約上簽字（至於行為是否始終如一，可參考前一章的說明）。然而政府機關幾乎無法靠這種同意方式讓權力正當化，政府不是向路人兜售商品的商人，無法和每一個公民個別交易（也不是正常做法）。政府「服務」對象是整體人民。但這麼做顯然可能會違背**某些**人明示的意願，故替代做法是讓公民擁有具實質意義的意見表達權利，去影響權力機關。

　　其中，最顯而易見的方式是政府就機關設置事宜直接徵詢公民的意見（透過憲法複決與修正），或者由公民選出**民意代表**，代替公民

立法與影響權力機關。議會民主便是這種正當性授與最單純的明例：
個別公民投票選出民意代表，民意代表在議會針對法案進行投票。公
民如果不贊成民意代表的法案投票立場，可於公民會議及民意代表服
務處對其課責，或者在下次選舉時以選票抵制，不讓其續任。

　　然而實際上，政府專門機關的設置往往有違這種高尚理想，原
因是這些機關多半是由議會設置，不是靠公民投票決定，導致更加偏
離最有力的正當性來源，也就是人民的直接意志。這不見得不妥，只
是必須符合幾個預設：1. 民意代表係基於正當權力創設機關；2. 民意
代表能夠控制行政機關運作。但往往事與願違，因為專門機關往往刻
意被設計成不受天馬行空與變化莫測的民選政治影響，使其得以獨立
作業且不受政府指揮，故不會隨著民選官員的短視與利益團體訴求起
舞。

　　中央銀行即是典型例子。各國中央銀行形式不盡然相同，卻基本
上是國內金融體系的最大掌門人，肩負民間銀行最終貸款人與控制貨
幣供給的「印鈔廠」等雙重角色。長久以來的慘痛教訓告訴我們，這
些權力若掌握在民選政府手裡，可能會被濫用。所以才會從制度設計
著手，讓中央銀行不受政府干預。想當然耳，中央銀行也因此擁有相
當龐大且廣泛「未經選舉檢驗的權力」，[4] 難免會令人質疑其正當
性何在，特別是發生金融危機的時候。民眾抗議「技術官僚」把持這
些機關，不滿他們有權力影響人民生活。

　　以上例子只是冰山一角。隨著專門機關激增，權力未經選舉檢驗
的狀況只會更加普遍，如果機關擁有政策設計與執行上的裁量權，又
可以委外執行權，問題會更加嚴重，造成權力的行使離權力正當性
源頭（也就是會受權力影響的公民）愈來愈遠。即便這麼做真的能夠
更有效率解決問題，也是靠犧牲正當性換來的。此即稍早談到的「削

弱正當性關係」的意思。

　　當然，這是政府從行政國家誕生以來都在面對的老問題，各國也試圖從政策與法律原則予以防範，名稱因國家而異，內涵卻不脫以下三個條件，方能讓專門機關之權力創設與行使取得法律與政治正當性：

1. **健全的政策理由**：政府機關的存在與權力的行使，應該滿足強而有力的公共利益。機關制定的政策與實踐作為，也都必須符合公益。
2. **權力委託得宜**：政府機關權力受正當合法權威者正當委託行使。通常是透過立法，明定機關職責與履行職責之方式。另外可能會賦予該機關裁量權，包括有權委外（如民間公司）。惟裁量應有明確限度。
3. **符合自然正義／公正程序原則**：政府機關在對人民行使權力時，須遵守普遍認同的原則，如自然正義、正當程序或公正程序（不同國家有不同稱呼）。意即權力之行使應基於合理理由，或者說明合理理由；權力之行使須公正且不歧視；受權力影響者有權利表達意見，也有權利向公正法院提出訴願（或審查）。（參見第二章 Box 2.1「訴願」與「審查」之區別。）

　　以上條件之實際內涵在某些法系國家頗為專業複雜，複雜部分後續會再談到，目前只須從一般層面去理解這些條件即可。

　　有了以上背景知識，便可以去理解政府機關利用演算法決策工具時會產生的問題。一般層面的顧慮是：政府專門機關激增會削弱權力正當性。具體顧慮則是：政府專門機關利用演算法工具，可能會加劇削弱權力正當性。若是一般層面，確實是有措施可以防止正當性被削弱，但演算法工具是否會帶來新的、無可預期的問題，像是難以透過傳統措施防範正當性被削弱？也就是說──延續前幾章的主題──

使用這個科技的時候，是否會產生不同問題？

個案研究一：Go Safe 安駕測速照相

在深陷法律與哲學泥淖之前，先來看個案例，從中可以了解專門機關行使權力時如何出錯，尤其是利用科技執法。本個案探討的是愛爾蘭利用測速照相抓違規超速。[5]

愛爾蘭和許多國家一樣，視超速為輕罪，若超速被抓到，會收到罰單，處罰包括罰鍰或「記點」，也可能會雙重處罰。被記太多點的話，可能會被吊扣駕照，限制一段期間內不得開車。大部分人收到罰單都會立刻繳納，逾期繳納可能會收到法院傳票，遭到刑事起訴。愛爾蘭法律〔2010 年修正之《道路交通法》（Road Traffic Act 2010）〕儘管規定偵測並起訴違規超速者之權力屬於愛爾蘭警方，卻也在同法第 81 條第 7 項規定，警方得以委託第三方（如民間公司）行使上述權力，前提是第三方必須與愛爾蘭法務部部長書面締約。

愛爾蘭警方在政府的授權下，於 2009 年委由一家名為安駕（Go Safe）的民間公司執行測速與違規超速起訴業務。按照公司與法務部部長簽訂的合約，安駕可以執行業務至 2015 年，期滿可續約。公司有一支內建測速相機的廂型車車隊，會在警方高層核可的重點區域停放數小時，定點自動偵測違規超速與拍照，隨後將罰單寄給車主。整個過程大部分是自動的，幾乎不須人類監督。車主若拒繳罰鍰，將被法院傳喚，起訴的證據則由安駕員工提供。

乍看之下，這是利用科技有效執法的典型範例。首先，確實涉及公益，因為超速是道路交通死亡因素之一，減少超速有利公共安全。[6] 其次，自動測速相機不須人類持續監督與協助，即可準確糾

舉違規。再方面，測速相機（或者光是疑似有測速相機的存在）有嚇阻效果，能夠改變駕駛行為。測速相機也有助於節約寶貴警政資源，讓維護正義更有效率。況且授權安駕偵測起訴違規超速，似乎並未削弱正當性，因為法有明文規定可委由第三方行使權力，法律也明確規範權力行使上的限制，且須書面載明服務條款。

　　然而實際運作並不理想。道路交通違規極度複雜，有數種專業規範必須遵循，才能在法律上證明違規確實發生。辯方律師經常會利用規範複雜之便，替客戶提出有利之主張，宣稱起訴理由未遵循某些規範，故屬無效。安駕系統於是陸續被辯方律師偵錯，情況急轉直下。報告指出，[7]逾 1,400 件以安駕系統判定違規超速的起訴案件最後遭到法院駁回，最主要理由是安駕無法證明罰單確實送達違規人，也無法證明事發當時的駕駛人是車主。公司內部人士檢舉指出，即使相機設置不正確且可能導致偽陽性的結果，公司仍然要求員工記錄超速違規。[8]法官則是不滿公司提交證據卻說不清楚測速相機的運作原理，也說不清楚超速多少才會對駕駛開出罰單，以及罰單產生與寄送的方式。公司既無法提供有關獲得證據的來龍去脈，也無法證明自己有權向法院提交證據。簡言之，安駕系統的實際運作簡直一團亂，亂到愛爾蘭法官都斥為「一塌糊塗」。[9]

　　上述安駕系統的問題，後來有些已經獲得處理，[10]公司也在 2015 年續約。[11]惟此案例足以讓人警惕。自動測速相機採用的科技並不高端，僅憑著雷達反射計算來車速度，據以判斷是否超速，接著拍照，複雜程度遠不及本書討論的演算法工具。測速相機不會做複雜預測或判斷，也不須倚賴深奧程式設計或先進 AI，卻造成實務執法上無數麻煩。新科技系統與舊法律治理系統的整合，就像是老舊電腦軟體一樣升級不順。更麻煩的是涉及政府機關與民間企業的合約關

係，系統在實施過程出現單純錯誤與遺漏，業者卻說不清楚系統如何運作，加上誘因偶爾錯置，做法取巧，導致重要政策目標難以實現，而且失去授權的正當性。

相對簡單的科技都會出現這種問題了，想當然耳應該要提防更複雜的科技。

利用演算法決策工具是否會危及正當性？

要提防政府機關利用演算法決策工具固然沒有錯，但是否需要格外提防？或者需要進一步基於該工具會嚴重破壞權力的正當運用，而一概持反對態度？

有論者認為大可不必過度提防，[12]直指外界從來不乏對行政國家權力運用是否正當的批評，但批評歸批評，國家專業分工仍然愈來愈細，也愈來愈常透過公私協力的方式實踐重要功能。愛爾蘭的安駕系統雖然是場災難，卻無損於政府機關利用科技執法或公私協力的正當性，只是要在政策與做法上有所調整。政府機關利用演算法工具很可能也是如此。然而，過度提防的立場仍然值得一探，以便了解錯誤所在。

在這麼做之前，值得先行釐清演算法工具在政府機關中的實際運用與潛在運用。政府機關肩負兩個主要功能：1.制定政策與法規（前提是取得法律授權）；2.執行法律與政策（包括自己訂立的法律與政策，也包括其他民選機關規定要它執行的法律與政策）。演算法工具可以協助實現這兩種功能，相關例子前面幾章業已說明。政府機關早已利用這種工具提升執法效率，除藉由預應性警政軟體引導警方資源配置之外，也可以協助找出像是現有智慧能源電網或交通號誌系

統等政策或立法架構的缺陷，予以修補。演算法工具有時候是政府相關部門用來輔助人類決策，有時候則會自主運作，幾乎無須人類監督或干預。凱萊・柯連尼斯（Cary Coglianese）與大衛・雷爾（David Lehr）將這兩種演算法決策工具的潛在自主用途分別稱為「演算法做裁決」與「機器人訂規則」。[13] 取名方式只是為了好聽，不代表敘述準確。舉例而言，其稱「機器人訂規則」不見得真的有機器人，也許只是演算法不用靠人類明確指示，即可自行訂立規則。

　　演算法決策工具若只是當作輔助，比較不會有太大的權力運用正當性問題，因為只是被**當成**工具使用，真正權力仍屬於人類決策者，而我們對人類行使權力的相關問題知之甚稔，既有法律與管制架構便是為應付人類決策者而設。但如果演算法決策工具是真正「自主」地運用，問題就比較大，*1 人類恐將失去主導權（達到有意義／有效的控制），儘管仍須視工具被賦予多少自主性而定。此時會產生一個疑問，那就是現有法律與管制架構是否足以應付這種情況。按理而言，政府應該是要**民治**且民享，不是**機（器）治**且民享。

　　但另一方面，也不應盲目評估自主演算法對政府正當性構成的威脅。目前科技仍然遠遠做不到民眾想像中機器全面接管權力的地步，應該要以前面提過的政府機關權力運用三個正當性條件更理性地分析。自主化演算法決策工具構成的威脅，真的有那麼嚴重嗎？

　　第一個條件基本上無須多做討論。決策工具在使用上是否以健全公共政策理由為憑，固然會依狀況而定，但原則上答案都是肯定的。比方說，可以發明一種裁決式演算法，去爬梳金融交易資料並自動制

---

*1 從第五章的內容來看，輔助性工具不會造成控制難題，全自動決策（與次級決策）才會。

裁違反金融法規的實體，這種演算法在裁決的判斷上比人類厲害許多，畢竟金融市場早已充斥交易機器人與交易演算法，能夠在眨眼之間完成數千筆交易，速度是人類裁決者跟不上的。交給裁決式演算法來執行或許才能夠確保管制體系正常運作。【14】

　　於是剩下兩個條件：1. 演算法工具被委託行使權力的方式是否正當；2. 演算法工具在運用時是否符合自然正義／公正程序的原則。委託是否正當這個問題不是那麼好回答。柯連尼斯、雷爾兩人指出，權力委由演算法行使的方式有幾種，【15】第一種——也是最直接的一種——是立法明確規定可以使用這種工具。比方說，假設道路交通管理法規明確規定警察有權利用「裁決式演算法」斷定是否超速並且自動裁罰。只要法律規範很明確，政策理由也很清晰，則委託演算法行使權力在法律上毫無爭議。當然，這不代表是政治上或政策上明智的決定（後續會再談到這一點），只是法律上沒有太大問題，屬於一般且法律上得宜的權力委託做法。像是澳洲《移民法》（*Migration Act*）第 495 條第 A 項，即授權移民部部長可以電腦程式協助從事某些決策，且電腦程式的決策視同部長本人的決策。

　　第二種委託演算法行使權力的方式，是由政府機關人員基於裁量進行複委託（discretionary subdelegation）。這種做法很普遍，民選政府因為缺乏特定領域的知識與專業，故成立專門機關負責管理與管制，也因此必須賦予機關人員裁量權，由他們自行判斷執法與執行政策的最佳方式。舉個例子，假設道路交通管理法規明定警察有權「以任何適當方式」針對超速行為執法，警方得知「裁決式演算法」系統能夠讓他們執法更有效率，經過適當的諮議與採購程序之後，便決定採用這項工具，以行使道路交通管理法規所賦予的裁量權。

　　但基於裁量將權力複委託給演算法的做法，恐怕會引起法律爭

議，像是複委託的裁量權範圍為何？所謂「以任何適當方式」，這種規定實在過於模糊，也會引發歧見。警方不可能「任何方式」都可以採用吧？想像今天警方開始採用智慧 AI 地雷，車子只要超速達到每小時 0.1 公里，就會引爆底下的地雷。這種做法肯定會被禁止，因為不符合其他正當權力運用背後的原則（如刑罰公正原則與刑罰比例原則）。例子可笑歸可笑，卻表達一個重點，那就是法律賦予政府機關裁量權看似寬廣，實則有限度。以「適當方式」或「符合比例的方式」等用語表達裁量權，都會引發範圍疑慮。

　　柯連尼斯、雷爾兩人的撰述是以美國為脈絡。他們主張，儘管權力藉由複委託讓演算法工具行使會引發法條詮釋上的問題，「基本上」這種做法是沒有問題的，[16] 理由有二：首先，政府機關早就已經在利用某些測量工具達成想藉由複委託方式達成的職責，卻沒有被質疑權力委託不正當。其次，從目前演算法工具的運作來看（兩人的重點放在機器學習演算法），人類一定可以某種程度上控制演算法，像是決定演算法要達成的目的或目標，或者決定演算法使用的方式或時機。演算法永遠不會取得全面性權力複委託。

　　然而兩人的樂觀看法不無疑問。第五章在談演算法決策工具使用上的控制難題時，曾經提過「自動化偏誤」風險。作者們的立場是，民眾可能會過度訴諸演算法系統，難以實質控制結果。政府機關倚賴自主式演算法工具也會如此，可能會不假思索從其決定，即使理論上握有終極控制權，實際上卻是演算法在行使權力。英國喜劇小品《大英國小人物》（*Little Britain*）中一個反覆出現的橋段，即是對此問題之反諷，前臺接待人員因為「電腦說『不』」的關係，始終回答不了顧客問題。政府機關人員也可能會染上這種態度，倒不見得是基於演算法工具比自己更聰明、更有威力而不奪回控制，而是因為習慣與

便宜心態所致。瑪莉恩・沃斯華（Marion Oswald）從英國行政法脈絡檢視此議題時便認為，不論演算法是由機關自行開發，或者由第三方開發，這種訴諸機器的狀況在法律上實在問題重重。

公部門人員若不假思索倚賴演算法產生的結果行使裁量權，恐怕是不法地以「自家」演算法「約束自身裁量權」，或者不法地委由外部開發的或外部運行的演算法代為執行決策，或者是放棄自主判斷，讓結果提前被決定。【17】

　　為避免發生這種情況，可能要採取矯正措施，確保不讓政府機關約束裁量權到此地步，也可能要制定新規範，規定不得以裁量複委託交由自主式演算法行使權力，而須以法律明文規定為限。

　　最後，自然正義與公正程序呢？使用演算法工具是否會危及兩者？前面幾章主題也和自然正義與公正程序不謀而合，公正程序大致上是指程序相對公平；*2 考慮受影響者的利益，讓受影響者有表達意見或被徵詢的權利；決策附上理由；受影響者如果感到委屈，有權上訴。而運用演算法工具時，絕對可能會違反這些要求。前面幾章談過的偏誤與透明問題，也會導致程序不公正。假如裁決式演算法做決策的方式不透明且有系統性偏誤，便不符合公正程序要求。但是前面幾章也提過，消除偏誤會有某些不得不面對的代價，也有方法可以確保演算法決策可以解釋得通。易言之，裁決式演算法不一定會不符合公正程序，沒有絕對理由從這個角度反對政府機關運用演算法工具。

---

*2 之所以是「相對」，是因為做不到絕對公平。

　　還有一點值得一提：即使存在所謂公正程序的理想概念，許多司法體系並不要求政府機關所有決策都要達到這個理想，而可以基於效率與成本效益等原因放寬做法。原因不難理解，如果機關所做的每個決策，都得要設置公正審查委員會且詳細說明理由，則日常作業將窒礙難行。法院多半認可這一點，且會透過「衡平原則」（balancing tests）決定某一決策應該要做到公正程序什麼程度。例如，美國法院注重三個要素，分別是當事人如何受到決策影響、不當決策會給當事人造成多大代價，以及為避免出現這種代價而在程序上實施額外防範措施，是否會有任何好處，或者淨收益（net gain）有多大。法院會再根據這三個要素，衡量某一決策程序是否得宜，或者需要修正以達標準。[18] 既然成本效益是考慮因素，則許多決策程序即便因為運用演算法工具而難以達到自然正義的要求，也很可能會在法律上被視為正當。畢竟政府某種程度上正是想要透過符合成本效益的方式管理複雜體系，才會藉助這種科技。讀者可以回想先前提過用來力敵演算法交易機器人的金融執法裁決式演算法，即可明白意思。

　　話雖如此，不代表政府機關採用演算法決策工具必然是妥當的。藉助科技原則上可能妥當，實際卻不盡然。即使採用工具讓社會體系管理起來更加有效，法律上也屬正當，外界觀感上卻不見得會認為正當。公共行政除了關係到法律細節與經濟效率，也涉及良好公共關係。政府在實施這種做法以前，最好要廣泛徵詢意見，傾聽重要利害關係人的顧慮，並且在實施之後隨時去檢視系統的實際運作。儘管全球各地政府機關早已視此為常規，仍然值得強調保持常規很重要。

　　使用演算法決策工具也會帶給公共行政新興挑戰，因為工具的運作須奠定於精準可量化的邏輯規則，人類決策卻往往是基於質性推理與直覺判斷。因此，若要委由工具代行權力，需要將以往的質性決策

過程轉換爲明確的量化過程。在轉換的過程中可能會遇到新問題。決策過程不可能完美無瑕，難免會出錯。比方說，即使機率再怎麼低，自動測速相機偶爾還是可能會漏拍超速車輛，或者誤拍未超速車輛。前者屬於僞隱性型二錯誤，後者則是僞陽性型一錯誤。這兩種錯誤在日常生活中都可能遇到，只是民眾不會以明確量化的概念進行思考，意即不會明確規定 5% 或 10% 的僞陽性（或僞隱性）類型出錯率可以被接受。民眾經常活在完美境界可以達到的假象之中，採用演算法決策工具則讓人不得不拋棄這個假象。有些政府機關已經習慣訂定出錯率，有些則否。即使**必須要**訂定出錯率，恐怕也會危及觀感上的正當性，因爲大眾變成要去面對量化呈現的實際風險。政府部門如欲採用自主式決策工具，應該要讓大眾知道，評估結果顯示工具做成的決策不比人類遜色，甚至比人類更好。[*3] 但在做法上必須謹慎。

　　演算法決策工具的量化邏輯還會引發一個偏向哲學的問題，即人類會被工具如何對待（參見前一章）。先前提過，自由民主國家公共權力的正當性奠定於對個別公民的尊重。公民自主且有尊嚴，其生命應被納入考量。以哲學家伊曼紐爾‧康德（Immanuel Kant）的話來說，就是要視公民爲完整且一體的人，人應被當成目的而非手段。自從公共行政專業分工與科層化之後，長期以來的顧慮就在於這會有違康德的理想，個人尊嚴遭到複雜且機器化管理模式破壞，人類淪爲國家機器的齒輪，必須面對迷宮般的程序，還有匿名的官員。民眾化爲統計數字，而非有血有肉的角色；化爲要被管理的「個案」，而非應受尊重的人。儘管非人化的顧慮存在已久，採用演算法決策工具則令此顧慮更受注目。演算法決策工具必然會將人化約爲資料，將人的生

[*3] 第一章已討論過評估方法。

命量化解離，成為可供數學分析的資料集。工具「看」不見人，只看得到數字。既然是必然，也許就要以特殊防範措施保持人的溫度，確保公民尊嚴獲得尊重。

個案研究二：艾利格尼郡家戶篩檢工具

以下將介紹另一個政府以科技施政的案例，稱為艾利格尼郡家戶篩檢工具（Allegheny County Family Screening Tool, AFST），[19] 此例有別於愛爾蘭的例子，演算法決策工具更為複雜。這個工具第五章曾經略為提及，且看後續能否從中獲得政府正當權力運用的相關啟示。

AFST 是蕾莫‧韋田奈坦（Rhema Vaithianathan）與艾米莉‧帕特南亨斯坦（Emily Putnam-Hornstein）共同主導一群學者所創建，旨在用於找出潛在受虐兒與疏於照料的孩童。[20] 該團隊原本是受紐西蘭社會發展部委託，要去創造一種風險預測模型工具，從家戶與公部門或家戶與刑事司法制度的互動紀錄，判斷哪些孩童最可能會受虐或疏於照料。工具會參考這項資訊，替每個孩子打上風險分數，再由兒少保護人員根據分數進一步調查，避免發生虐兒與疏於照料情事。從這個角度來看，這個工具很像是用來協助警務資源做有效率配置的熱點地圖。事實上，兩者的視覺呈現方式也很相似，家戶篩檢工具採用的是交通號誌的三色警示系統，紅色代表高風險個案，綠色代表低風險個案。

研究團隊最後根據 132 個變項完成預測模型建置，變項包含母親年紀、孩子是否生在單親家庭、精神病歷、刑事紀錄等，再根據模型打風險分數。儘管團隊宣稱系統針對虐兒與兒少疏於照料的判斷相當

準確，卻在紐西蘭推動這套系統時踢到鐵板。

　　政府該在兒少保護方面扮演何種角色，向來在政治上爭議不斷。最嚴重的情況下，政府人員可依據兒少保護法的規定，將孩子帶離法定父母。這對父母或對孩子都不好受，多半屬於非不得已的手段，大部分國家的社工只有在其他干預做法無效的情況下才會這麼做。然而外界根據過往經驗大表懷疑，認為政府人員會專挑少數民族窮人家庭，或者生活型態不傳統的家庭下手，有失公平。何況大量拆散原住民孩童與其原生家庭，史上已有惡劣先例（紐西蘭、澳洲與北美地區）。[21] 因此，紐西蘭毫不意外決定在 2015 年取消這項工具的實驗性運用。[22]（事實上，部長取消實驗的原因，並非因為承認這種工具會造成歧視，而是不希望拿兒童當白老鼠。但這兩件事總是糾結不清。[23]）

　　最後和研究團隊簽約設置 AFST 的，反而是美國賓州艾利格尼郡的弱勢人口服務部（Department of Human Services），從 2016 年 8 月起採用至今。[24] 在設計與運用 AFST 的時候，研究團隊與該部會確實很重視當地民眾的疑慮，除了多次與郡內重要利害關係人開會，確認發明與實施這套系統的最佳做法外，更聘請外部獨立團隊調查 AFST 是否合乎倫理，結果認定工具符合倫理，因為比其他現有篩檢系統更準確。[25] 發明 AFST 的團隊也確保系統運作透明，除了對外說明系統採用的變項，也詳盡解釋系統如何運作，並且更新相關說明。[26] 不少人對此表示肯定。例如，《紐約時報》記者丹恩·赫立（Dan Hurley）認為 AFST 是力抗虐兒與疏於照料的一大步，影響力值得肯定。

　　其他人立場則較為批判。《懲罰貧窮：大數據橫行的自動化時代，隱藏在演算法之下的不平等歧視》一書的作者尤班克斯認為，

AFST 仍然專挑窮人家庭與少數民族家庭的孩子，而且將貧窮與領取社會福利視爲有更高虐兒風險，有失公平。[27] 她也認爲，AFST 運作方式的對外說明不夠透明，儘管有告知採用哪些變項，卻未告知變項的權重。系統出錯率也恐怕高得難以接受，因爲根據弱勢人口服務部的官員指出，AFST 篩選出來的警示案例有 30% 最後會因爲欠缺依據而被駁回。[28] 但該書作者也提到，這要靠公布出錯率才能正確評估。

　　AFST 引發的爭論，將本章主題表露無遺。發明這個工具的目的是要讓政府機關施政更正確、更有效率，但工具運作的方式卻引發權力行使是否正當的疑慮，即使已經採取許多確保正當性的流程，也無法消除疑慮。外界依舊擔心系統不透明且複雜：擔心系統不公，或者有偏誤。外界希望投入參與系統的運作，也要求更加透明開放，結果沒完沒了，權力正當性疑慮永遠無法消除。爲確保權力行使正當，必須倚賴公民與政府人員有意願持續詳察權力的運用。採用演算法決策工具，則是讓這個永恆動態過程增添新的科技風貌。

　　上述 AFST 個案還有一個新的啓示。這種系統受到尤班克斯抨擊的主要一點，在於淪爲科技解決論（technological solutionism）：[29] 人類有了尖端演算法風險預測工具，又看到工具做的決策偶爾比人類決策者更正確，便四處尋找問題給工具解決，卻思慮不周，只顧著找出應用方式，卻忽略應用導致的副作用或間接後果。另一點是不去思考其他更值得重視、卻不見得容易以風險預測軟體解決的問題。尤班克斯憂心 AFST 干預的時機太遲，也就是要等到孩子來電求援才干預。此時受影響的家戶早已深受系統偏誤與社會結構不平等之害。AFST 獨立倫理審查專家也曾注意到這一點，發現預測型風險模型可能會奠定在既有種族偏誤之上，繼而強化偏誤，[30] 這件事第三章已

經述及。

　　基於篩檢工具的使用目的，不應該期望它會將結構不公納入考量並徹底修正，畢竟現實社會中窮困族群與少數種族確實面臨劣勢，更可能會遭遇不利局面。但如此一來，使用篩檢工具會加劇正當性的觀感落差，起碼對當事族群而言會是如此。我們可以利用這個契機反省究竟希望政府機關如何利用演算法決策工具。說不定有其他問題是這種工具有助於解決的，繼而縮小該族群的觀感落差。我們需要更具創意與脫軌的思維，去思考演算法決策工具的最佳運用方法。

演算法決策工具是否成為必需？

　　本章起先談到，政府專門機關激增有利於管理社會問題，但也可能會削弱正當性。民眾在解讀與理解政府機關利用演算法決策工具時，必須要有這個歷久不衰的動態認知。所幸在政治上與法律上已有相關措施可以防止正當性遭到削弱，也可以利用這些措施來衡量並限制演算法決策工具的公共運用。易言之，法律或政治上並未阻止採用演算法決策工具，惟在使用上應該謹慎周延，且要受到大眾檢視與監督。

　　作者們也屢次提到，政府機關採用演算法決策工具可能是好事。隨著世界變得更複雜，演算法工具已為民間企業與大眾所用，對政府而言，採用這種工具恐怕不再只是一個好選項，而是成為必需，才不會落後民間腳步。乍看之下，這個論點是否成立得視個案而定。到底有沒有更一體適用的論據，可以支持採用演算法決策工具？

　　也許有。我們可以從社會消亡史得到啟發。考古學家約瑟夫・譚特（Joseph Tainter）在《複雜社會的消亡》（*The Collapse of Complex*

Societies，暫譯）這本影響深遠的著作中，試圖對複雜社會何以消亡提出概括解釋。[31] 他檢視的例子聞名遐邇，如埃及古王國、西臺帝國、西羅馬帝國、低地古典期馬雅等。儘管在考古學家與歷史學家眼中，這些社會是否真的消亡，是有爭論的——有人認為社會已經調適與變遷[32]——比較無疑義的是，社會的複雜程度有所消退（例如，行政中心瓦解、聚落荒棄、文化制度器物之廢棄等）。譚特納悶，是否有共同原因促使衰退發生。

他檢視常見的社會消亡理論，逐一駁斥之後，提出自己的解釋。他的解釋由四個命題組成。命題一：複雜社會都是會解決問題的機器，會正視社會成員的生理與心理需求，從而得以存續。若不這麼做，將失去正當性，最後消亡（或者衰敗）。命題二：社會為了解決問題，必須獲取與消耗能量。古代社會是透過採集與農耕，現代社會則是經由燃燒化石燃料與開發其他能源。為了要解決更多問題與維持更複雜的局面，社會必須增加能源消耗（或者更有效率利用能源），此乃基本通則。於是產生命題三：複雜社會能否存續，取決於成本效益的基本衡量。如果解決社會問題所產生的好處大於付出的成本，社會將會存續。如果好處無法大於付出的成本，社會將陷入困境。命題四：增加投資讓社會更複雜（如增加對專門化行政機關的投資），會產生更大的好處，但不會無止盡增加。因為社會更複雜，會讓能源成本隨之增加，導致社會複雜化的邊際成本大於邊際效益。一旦再加上嚴重不平等，社會將會消亡。譚特解釋的主軸，就是邊際效益遞減問題。在他看來，史上消亡的社會都曾經遭遇邊際效益遞減與邊際成本增加的根本問題。

譚特以幾個實例說明當時社會所要面對的這種問題，其中證據最確鑿的，關係到行政權力與控制。許多政府機關不僅出現行政膨脹，

也偏離原本任務目標。解決社會問題通常要倚賴行政機關，隨著新興挑戰出現，行政機關數量激增，規模也擴充。原本這是好事，可以讓社會因應更加複雜的問題，但到後來因為要僱用更多成本不斐的行政人員去管理組織本身，導致邊際效益遞減。真正站在第一線處理組織要面對的問題的人，在人數上已經遠不如行政人員。

譚特的理論不禁令人反思科技在阻止社會消亡的作用。加強利用演算法決策工具與其他型態的 AI，也許是既能夠有效率解決問題、又不會大幅增加行政膨脹代價的做法。支持者指出，AI 領域的大幅進展可能成為人類**解圍之神**，有助於解決日益增加的社會問題。與其倚賴不完美、爭吵不休的人類智慧處理社會問題，不如倚賴更完善的 AI。這也是麥爾斯‧布朗岱吉（Miles Brundage）在論文中主張「有條件樂觀看待」全球治理的 AI 應用時明確提出的論點。【33】儘管加強運用演算法決策工具與 AI，可能會損及觀感上的正當性，這卻恐怕是身為公民的我們必須付出的代價，以維護複雜的社會秩序。這項提議既發人深省，也令人不安。人類可能要更加正向看待演算法決策工具的普遍運用，其正當性或許遠超出我們的想像。

小結

為維持現代政府運作，專門化機關與專門化工具乃不可或缺。少了專業的機構與解決問題的專門技能，將無法治理複雜且工業化的社會。這些機關所做的判斷與制定的政策，影響人民生活深遠，故權力之行使必須正當。惟機關的正當性會隨著機關多元化與組織層層疊疊遭到削弱。運用自主式演算法決策工具，雖然可能會讓此情況惡化，卻不應該**誇大嚴重性**。許多國家對於政府機關權力之行使是否正當，

已有法律與政治規範可供判斷，也尚無足夠理由認為規範已不符合目的。規範只須再做調整，謹慎確保演算法決策工具係正當受託行使權力，且其運用不會破壞公正程序的要求。為防止人類日益複雜的社會不敵自身之重崩塌，AI 將日益不可或缺。

第 **9** 章

就業

　　讀者想必看過令人不安的新聞報導，宣稱機器人會取代人類勞動力，使成千上萬人失業、陷於貧困。民眾對這種警告習以為常，卻不太會認真思考是否有理，反而視「就業的終結」為既成事實。確實，高端機器學習與自主移動機器的出現，將會讓專業與管理型態白領工作在人類史上首次受到衝擊，而不只是影響低技術含量的「藍領」工作。但事實上，沒有證據可以證明 AI 會在短期到中期之內造成人類大量失業。

　　科幻小說家威廉‧吉布森（Wiliam Gibson）總是愛說：「未來已經到了，只是分配不均。」的確，大量勞工面臨可怕失業情境之際，AI 革命之下的獲益分配估計也會不平均。近幾十年嚴峻的經濟數據信手捻來，讓從事科技論著的作家有理由看壞未來。[1] 普通勞工的薪資從 1970 年代起便停滯不前，甚至倒退。美國從事生產與非主管級勞工的薪資上一次達到高峰，已經是 1973 年的事。以實質薪資來看，這類勞工如今的收入，只有當年相同勞工的 87%。[2] 與此同時，生產力卻不斷提升。從美國與許多國家可以看到，自 1970 年代中期起，生產力與勞工收入便脫鉤，至今依然如此。隨著薪資占國民所得的比例不斷下滑，無情的不平等現象引來外界呼籲設計財富重分配的新機制，不要讓財富過度集中於超級富有的那一群人。[3]

　　然而，打從自動化一開始出現，外界就開始畏懼自動化，近年來經濟表現不佳，究竟有多少原因是可歸咎於 AI 與機器人，外界也莫衷一是。一方面，自動化往往帶來利多，如生產力獲得提升；商品服務使用對象也從過往的有錢人擴及一般大眾；節省勞力的應用也促進人的自主與社會流動。[4] 艾瑞克‧布林約夫森（Erik Brynjolfsson）與安德魯‧麥克菲（Andrew McAfee）等人並且認為，AI 會帶來新的工業革命，懂得善用這波新科技榮景者，將會占盡優勢。[5] 但另

一方面，可別忘記第一次工業革命時，大多數的人，其實都來不及在還在世的時候享受到相關好處。第一次工業革命雖然橫跨十八世紀至十九世紀，但多數時候一般勞工卻流離失所，生活在骯髒環境，幾乎沒有從工業革命獲得利益，像是十八世紀英國人的平均身高，每十年便減少 1.6 公分。[6] 科技再怎麼蓬勃進步，實質薪資就是追不上食物價格的上漲速度。勞工平均產出雖然增加，實質購買力卻停滯不前，要一直到十九世紀中葉，實質薪資的增長速度才開始與生產力一致。[7]

人們對就業前景知道多少？

自動化會對人類社會產生什麼影響，向來有兩種立場。樂觀者認為，自動化會促進經濟成長，有利於社會。有人甚至認為，自動化最後會讓人擺脫生產生活必需品的枷鎖。史上最知名的經濟學家約翰・梅納德・凱因斯（John Maynard Keynes），便是樂觀派。他在1930 年的論文〈孫輩時期的經濟可能性〉（Economic Possibilities for our Grandchildren）中主張，「努力維生」的「經濟問題」將隨著自動化與工業化幾乎迎刃而解。[8] 經濟學家傑瑞米・里夫金（Jeremy Rifkin）看法則截然不同，他在《工作的終結》（*The End of Work*）一書認為，科技會導致大規模失業與困頓。[9] 其實，兩派陣營對於自動化抱持的立場並非首見，堪比十八世紀大衛・李嘉圖（David Ricardo）與威廉・米爾梅（William Mildmay）等人提筆爭論第一次工業革命會產生什麼影響。如今的我們，真的能夠正確判斷時下科技革命會有什麼結果嗎？

晚近有關 AI 與機器人對就業影響的爭論，則是起於牛津大學的

卡爾·福瑞（Carl Frey）與麥可·奧斯本（Michael Osborne）在 2013 年的研究成果。他們發現美國有 47% 的就業人口極有可能被機器學習與自主機器人等電腦化取代。[10] 這份研究是有爭議的，特別是後續研究的結果截然不同。原因無他，乃因 AI 對就業前景的影響，很大程度要取決於研究者選擇的研究方法。福瑞、奧斯本兩人的模型是以職業整體為準，即工作**類別**，使得他們最後發現在 702 個職業類別中，47% 短期內可以被自動化取代。但請想一下，一個職業的某個面向可能會被自動化取代，就將**整個職業**視為可能被自動化取代，無疑是悖於常理。時下銀行行員的工作內容即使與 1980 年的行員工作內容相差甚遠，**不代表**再也沒有銀行行員這個職業。總的來說，傳統職業的工作內容會因為自動化的關係有所調整，像是秘書或私人助理不用再像以前一樣懂得速記，卻要做一些以往不算是秘書常見的工作，如監測公司的社群媒體活動狀態，或是參與高階會議。也因為如此，接續福瑞、奧斯本兩人的後續研究，都將重點放在**工作項目**，而非職業。經濟合作暨發展組織（OECD）在 2016 年針對工作項目所做的一份研究顯示，完全可以被自動化取代的工作，在英國只占 10%，在美國只占 9%。[11] 相關研究的結果，還會受到其他方法論因素影響，像是自動化與電腦化的界定；時間尺度；科學進展的判斷；以及各種社會、經濟與人口的預設（如移民比例與全球經濟的預設等）。[12]

　　人們不得忽略社會、經濟與人口的預設。事實上，上述預測之所以都顯得有些稚嫩，乃是因為未來勞動力的模樣會相當取決於那些最後未被取代的職業（或工作項目），是否會迫使人們重新評估過去不受重視的技能。例如，照護產業是女性從業人員多於男性的產業，涵蓋護理、教學與諮商等職業。[13] 這些職業靠的是同理心與人際交往能力，往往又稱為「情商」。但比起金融、銀行、電腦科學與工程等

職業，這些職業的收入整體較低，甚至不僅較低，往往是零收入且不受重視。[14]這些職業多由女性擔任的原因，以及孩童多由女性照顧的原因，已有社會面、文化面與歷史面的深入討論。不論如何，最後的結果是惡名昭彰的同工不同酬。[15]

但難道女性命運將會因此逆轉嗎？有研究顯示，自動化可能會讓女性過得比男性好很多，[16]因為需要靠讀寫素養、社交技巧與發揮同理心的工作，普遍公認會比需要靠數字計算與蠻力的工作更難被自動化取代。即便是涉及察覺資訊規律，以及機械式或程序導向解題的醫療診斷與草擬合約工作，也都會比要靠建立關係與「情感上勞心費神」的工作更容易被自動化與機器學習取代。[17]

當然，出現更多有酬勞的照護工作、有更多工作給女性做，不代表照護工作的報酬總算會變得豐厚。薪資的多寡基本上是取決於稀缺程度，偶爾再加上危險與困難程度等因素。而人類的同理心並不夠稀缺，要人發揮同理心也不難。如果經濟體系將惻隱之心與人類幸福比照需求與稀缺，同樣視為根本要素，則局面將會改觀。一個高度競爭的社會，和一個隨和且講究合作的文化，差別可能就在社會上出現更多照護類型的工作。然而沒有證據顯示，**光靠**增加照護類型的工作，或者提升這類工作的社會地位，就能讓人類不再按照工作難易度或有多少人願意從事這份工作來決定酬勞給付的高低。況且男性也可能會變得比目前從事更多照護工作。[18]

工作的本質

從研究來看，AI 對職業與工作產生的**未來**影響比較沒有定論，但對**目前**影響則較為明確。例如，許多國家的職業都在朝兩極化發

展。傳統中等收入的職業正在消失，剩下高價值、非例行性事務，而且要靠認知力的職業，以及低價值粗活職業這兩種。[19]令人不安的是，研究顯示被自動化取代的中等收入勞工，並沒有朝向高價值、非例行事務而且要靠認知力的職業靠攏。[20]

　　還有一種經驗研究方法，是去探討新科技應用領域的所得收入情況。但目前研究證據只有針對機器人的應用領域，沒有針對 AI 與機器學習的應用。證據顯示機器人應用一旦增加，對就業與薪資都會產生負面影響。[21]由於研究已經排除其他會導致例行性職業減少的因素，像是容易取得便宜進口品，以及業務外包給其他國家等，但結果仍然顯示這種關係是存在的，因此研究結果可謂確鑿。

　　AI 應用日增的另一個較不為人知的影響，則是針對工作條件。雖然目前所知不多，但都不是好消息。以零工經濟（gig economy）從業者為例，他們的聘僱合約都是非常短期（「一次性工作」），而且是透過優步（Uber）、戶戶送（Deliveroo）、TaskRabbit、Mechanical Turk 等平臺，有人需要才提供服務。雖然從事這些工作的人不乏享受工作彈性的技術人才，但絕大部分的人都是窮人，沒有挑工作的份，也沒有能力談到更好的薪資與工作條件。[22]他們大部分都是在科技產業工作（別以為在科技業工作的人，都是 20 幾歲在 Apple、Facebook 與 Google 上班的有錢人），在大倉庫裡揀貨；替 IG 動態更新、影片、相片與限時動態分門別類；從事影像標註工作，好讓無人車能夠分辨行人與單車騎士；替街道拍照；抓出同音詞；掃描書籍；將社群媒體上涉及暴力與淫穢的貼文分類。許多人以為從事數位經濟相關工作是非比尋常的「殊榮」，實則工作內容重複且恐怕乏味。

　　不少演算管理也採用 AI，由演算法指派日常工作給員工與承包

商，並且評估其表現。這是新科技的規訓應用，高畫質的監視與員工績效調校，讓已經少得可憐的員工主體性、裁量與自主發揮空間，進一步被侵蝕。[23] Amazon 即是典型代表，其倉儲空間被喻為「本世紀的屠宰場，講究發揮勞動力極致效率的資本家與先進科技一拍即合」。[24] Amazon 會仔細控制員工工作速度，不論給員工規定的績效目標多麼可笑且不切實際。Amazon 為了監控員工工作不偷懶，特別開發一種可以敏銳感應人類姿態與振動的「超音波手環」（觸覺回饋），且在美國成功申請專利。[25] 監控到這種地步，簡直令人窒息，如此反烏托邦般的戲碼卻**真實**上演，有的即將登場。監控表現的系統雖不盡然可靠，卻也不需完全可靠才能糟蹋一個人的人生。亞當・格林菲爾德（Adam Greenfield）評論道：「特別引發關注的，不是這些工具是否真的像宣傳上說的那樣能幹，而是能夠讓使用者認為它們很能幹。即使『人資分析』背後依據的演算法一文不值，數據也堪稱雜訊，這種帶有偏見的成果仍然可能會被當作參考依據。」[26]

　　從事零工經濟的勞工即使獲得演算法老闆的好評，也無異於被綁定在單一零工平臺，因為個人評級不可攜至其他平臺。[27] 從另一個角度來說，完全只靠 App 遠端管控從業人員的缺點，就是比較無法防範有組織的抵制行動出現，起碼零工經濟正是如此（優步與戶戶送在愈來愈多國家遇到這個頭痛情況）。[28]

為何要工作？

　　假設工作本質不斷演進，臨時工（casualization）與「零工」（giggification）更加普遍，監控幅度同樣增加，這或許是成熟數位經濟的末代工作**型態**，往後工作只會變得更少，變得更不一樣，或者

再也沒有真正可以做的工作。此時，又該如何看待這個發展？先別急著保留既有工作或發明新工作，該先想想工作為何如此重要，為何要讓這個人們賴以維生的勞動世界持續運作。科技若能讓人免於從事繁重、危險與卑微工作，想必是好事一樁。至於並不繁重、危險或卑微的工作呢？完全不工作可行嗎？工作是否有其他好處？工作是種美德，還是讓人有尊嚴？

很早以前就有人主張，人減少勞動還是可以過得一樣好。該論點最知名的支持者，莫過於哲學家伯特蘭‧羅素（Bertrand Russell），他在 1932 年寫過一篇名為〈賦閒禮讚〉（In Praise of Idleness）的論文，從三方面主張人一天工作四小時會過得更好。首先，工作多半是繁重的。人如果有選擇餘地，多半會想減少工作。其次，多數歐洲人不久以前仍是自給自足的農民。所謂工作是種美德、讓人有尊嚴，這種觀念源自過去認為在共有土地上辛勞翻土耕作以獲溫飽，就是人類唯一要務。但此維生模式在第一次工業革命之後有了轉變，農業技術的創新使產出達到手工無法企及的程度。羅素稱勞動尊嚴的概念在工業革命之前很重要，後來卻成為「執意讓自己有失勞動尊嚴」的有錢人教誨他人的「空洞虛偽意識」。[29] 羅素的論點最後提到，多數英國人在第一次世界大戰放下有生產力的工作，改投入戰事，這麼做雖然非常浪費也不具產出，但整體上協約國的非技術性受薪勞工卻較以往健康。

羅素如此總結：「這場戰爭清楚顯示，科學化生產組織方式能夠讓現代人口只靠現代世界中一小部分的產能，就能過得很好。戰爭結束後如果……工作時數縮減為四小時，將會很完美。否則會混亂依舊。」[30]

1932 年至今，農耕與羅素所謂的生活必需品的生產，都已經更

加工業化，AI 與機器人可望在不久的將來增進作業效率。全球暖化的現實則給長久以來深信不疑的預設打上問號，這個預設是說國家要成功，必須生產更多高價值商品，提供更多高價值服務，而這會顯現於更高的國內生產毛額。[31] 但實際上，如今 OECD 國家財富水準與人民平均工作時數，已經呈現反比關係。國民年均工作時數最高的國家，分別是墨西哥（2,250）、南韓（2,070）、希臘（2,035）、印度（1,980）與智利（1,970）。至於國民年均工作時數最低的國家，則是法國（1,472）、荷蘭（1,430）、挪威（1,424）、丹麥（1,410）與德國（1,363）。[32]

當然，按照多數經濟體的組織型態來看，羅素的建議不太適用於這個時代。但若以國內層次來看，調整配置是管用的，縮短每週工時可能有利於相對較為富裕的國家。但如果整個世界都大幅減少工作，對人類好嗎？所謂工作是美德，雖然是承襲自上古時代的概念，但難道工作真的不具有美德、尊嚴，乃至於有教化意義嗎？

有酬工作也許就像許多私人收入來源一樣具備殘餘美德，即使私人收入不見得來自勞心勞力（如收租、股利、利息等被動收入）。美德來自相信一個人賺錢謀生取得人生成就（不論方法為何，靠工作或靠收租皆可），代表他是獨立成熟的大人。起碼西方社會是如此認為。但若真是如此，道德評價便不必和賺錢是否是靠付出心力畫上等號。

人們認為工作是美德的另一個原因，或許與工作多數時候必須勤奮、奉獻，井然有序地生活脫不了關係，而這些人格特質之所以被視為美德，乃是因為相反人格特質表示這個人有人格缺陷、不可靠、不穩定，也不成熟。但這種人格特質不必然要靠就業才能獲得，只要專注在自己想做的事，哪怕是寫詩、刻版畫、蓋房子或裝修房子，也都

很勤奮自律。甚至是失業**但在找**工作的人，恐怕也要比安穩有工作的人更需發揮這種人格特質。

當然，我們可以列舉出勞工理論上應該具備的人格特質，復將工作的美德或尊嚴歸因於該人格特質，但這麼做恐怕找不到**最**足以說明有酬工作何以具有尊嚴或美德的**單一**特徵。其實有尊嚴、有美德或有教化意義的，不是就業**本身**。這些標籤所適用的對象，是剛才提過的人格特質**隨時隨地**的展現，如勤奮與奉獻，無關乎是否有取得正式工作。

然而不可否認，就業讓多數人有機會實現、發展與培養上述特質，最可貴的是可以和同事社交建立關係。儘管這會視工作型態而定，同事關係也不見得總是美好，但能夠與人實質共事的機會特別重要，對許多從事零工經濟者也很難得。當然，人們不見得要靠工作場合才能與他人建立實質關係，參與社區組織也可以體驗群體悲歡與共同認同。同理，也不需要靠正式職業才能追求人生的五年計畫或長期目標。閒暇人生不一定要如同刻板印象般，像馬克思說的早上打獵，下午捕魚。存活需求得到滿足之後，時間要怎麼利用將取決於人們對人生意義的想像，這得要靠自己去思索。利用閒暇就像花錢，必須謹慎思考再做。羅素抨擊許多大眾娛樂活動過於消極（如看電影、看球賽），[33] 他也在文章中提到，人們之所以從事這些活動，一部分是因為疲憊，整日勞心勞力下來，下班後提不起勁做費力的事。另一部分則是因為缺乏善用時間的適當訓練。[34] 例如，徜徉在「文學鑑賞之樂」得靠培養、練習與毅力才能辦到。羅素顯然不是指人類無法善用閒暇時間，而是有閒暇時間不代表閒暇品質必然良好。按照他的說法，這得要靠「精心投入」。[35]

就業的羈絆讓多數人得以暫時不去考慮這些問題，或起碼不需

日復一日地思考人生要做什麼。就這個角度來看，就業就像自來水公司、郵政服務或鐵道運輸一樣可貴，可以免除要人做選擇的不安。在此沒有意圖要美化薪資奴役之惡，也沒有要淡化其惡性或替它找理由。然而一份符合人道要求的工作（工作時數有顧及睡眠、休閒與家庭生活的需求；福利給得慷慨；有帶薪休假，也顧及勞工心理健康）至少可以將結構安排妥當，包括同甘共苦培養出來的團結情感。如果沒有一份工作，這一切就得靠自己想辦法。

第10章

監管

　　AI 應該受到哪些規則管制？

　　毫無意外，這個問題有許多不同的答案。但近年來大致共識是，管制是**必要的**。支持管制者，不僅有學者、倡議人士與政治人物等平常想得到的人物，甚至不乏企業界人士。知名科技創業家伊隆・馬斯克曾在 2014 年呼籲「AI 要受到某種程度的法規監管，以確保人們不會幹傻事」，讓外界大感意外。[1] Facebook 執行長馬克・祖克柏的呼籲也相去不遠（儘管理由並不相同）。[2]

　　然而，該以什麼形式進行法規監管？監管的對象是誰？由誰來監管？要落實的是什麼價值或標準？

　　對立法者與主管機關而言，新興科技向來是一大挑戰，因為在科技的型態、應用與風險都是未知的情形下，很難判斷是否倚賴現有管制措施即可，或者需要制定新的管制措施。尤其是像 AI 這種態樣繁多卻互有關聯的科技家族，而且用途無窮，挑戰就變得格外艱鉅。有什麼規則或法律可以用來管制**這種東西**？畢竟規則本身是相對固定且可預測，現在卻要規則隨著快速演變的科技不斷調整？讀者心裡恐怕會想，這稱不上是規則吧。

　　所幸在 AI 出現之前，已經有其他新興科技遇過這種問題，人們可以從資通訊科技與基因生殖科技獲得的正反教訓，判斷哪些規則才是適當。

「規則」是什麼意思？

　　目前為止，作者們交替使用「規則」、「法規」與「法律」等詞，也沒有講究定義。但這些詞彙的確切意涵究竟為何？其實，管制 AI 的方式還真不少，其中一端是相對「硬性」的管制，也就是**法律**

規範。

　　民眾聽到「法規」（legal rules）時，多半會聯想到立法，即「法典」。也可能會聯想到法院判例。兩者為法規的重要來源，視其為**最重要**也不為過。然而法規型態不限於這兩者，也可能來自委任立法的行政管制機關。舉例來說，英國人類生殖與胚胎學管理局（UK's Human Fertilization and Embryology Authority）及紐西蘭輔助生殖科技諮詢委員會（New Zealand's Advisory Committee on Assisted Reproductive Technology, ACART），便是獲得法律授權，可以依法去限制輔助生殖科技的利用與規範利用條件。

　　至於「管制」（regulation）一詞，其概念範圍又更廣，學界雖然討論不少，其內涵仍有爭論。惟大致上概念較「法律」為廣。本書對何謂「法規」採取較開放態度，因為 AI 引發的問題太多太廣，若在著手探討之前就排除潛在答案，恐怕過於草率。故「管制」在本書的定義上，除了指法律與法院判例之外，也指其他更廣、更多型態的規則，就像 AI 的特色一般。

誰訂規則？

　　承上所述，管制不限於法律禁令與命令，亦不限於議會、法院或行政管制機關。究竟還有哪些型態？以 AI 為例，常見的一個建議替代方案是**自律**，由企業替自己立下規則，或者由產業組織規定成員要遵守特定規則。

　　企業或業界為什麼會願意以這種方式自縛手腳？從負面角度來說，也許是企業基於自利緣故，不想被外界管制才會選擇自律。但也可能是出於其他動機，像是為了要讓客戶、顧客心安，或是要建立或

維持產業是安全且負責的好名聲。有些人則直接質疑企業居心叵測。凱西・柯比（Cathy Cobey）即在《富比士》雜誌撰文指出，企業之所以呼籲由外界制定規範，係因「如果是由企業訂定 AI 規範，未來會引起民眾與法院反彈，使企業陷入法律責任不明的境地」。[3]

　　靠企業自律，究竟能夠多大程度保護社會免於 AI 最不利的風險？許多論者認為，光靠企業掛保證是不夠的。詹姆士・亞凡尼塔基斯（James Arvanitakis）主張，「科技公司處理資料若要符合倫理，便會影響到它們可以從資料賺取多少錢財，這之間必然會有代價取捨」。最後他指出，「必須靠外部指導與監管，才能保障大眾利益」。[4] 雅克柏・透納（Jacob Turner）的觀點相似，指「替股東創造價值往往比做善事重要。或者兩者起碼存在緊張關係」。[5]

　　透納認為，自律的另一缺陷在於強制力不如法律，稱「如果倫理標準採取自願遵守，則企業將可決定哪些規則才遵守，等於是占其他企業的便宜」。[6]

　　近來連某些產業要角的看法也有變化，認為政府、議會與「公民社會」訂立的規則，重要性不亞於企業自律。Google 在 2019 年發表的白皮書即偏好融合自律與共同約束做法，稱這麼做「最能夠有效實際因應與防範多數情況的 AI 問題」，並承認「有些情況下訂立額外規則是有利的」。[7]

　　耐人尋味的是，Google 並非從「企業做不到公正負責，所以不可信任」的角度主張上述訂立額外規則是有利的，而是「因為委由企業自行決定，並不符合民主精神」。[8] 這也是某些人在談論新興科技時提到的「管制正當性」，意思是「隨著科技成熟，管制者的管制立場也要跟得上群眾接受的科技利用方式」。[9] 靠業界自行決定規則，是達不到這項要求，起碼在會對個人或社會造成重大影響的科技

領域是如此。

　　可見 Google 偏好的是自律結合外在法律規定的「混合模式」。類似的前例不少，像是新聞媒體治理在許多國家是靠自律，如英國的新聞申訴委員會（UK's Press Complaints Commission）、澳洲的新聞評議會（Australia's Press Council）或紐西蘭的媒體評議會（New Zealand's Media Council）。但若涉及誹謗、隱私或官方機密時，則新聞媒體也會受到國家法律管制。採取混合模式的另一例子是醫療業，不僅受到國家法律管制，也受到職業道德與內部紀律結構的拘束。違反行規的醫師會被暫時停業、限制執業，甚至是「撤銷執業資格」。如果醫師違反國家法律，則可能會被告，有些甚至要坐牢。

　　這種模式是否適合 AI，要看它在其他產業的表現而定。主要疑慮在於以自律**取代**法規，而非輔助法規。畢竟企業或整個業界會很樂意將規則訂得比現有法律**更超前**。

彈性

　　管制也可以按照彈性大小區分。規則如果非常具體，詮釋空間就小。以稍早提過的生殖科技為例，英國與紐西蘭便明令禁止特定行為，如創造動物與人類的混種，或是複製人。

　　至於 AI，也有人呼籲徹底禁止特定相關應用。例如，生命未來研究所（Future of Life Institute）曾在 2018 年 7 月發表公開信，提到未來可能出現「不受人類操控即可自行選定開火對象的自主武器」，公開信獲得逾 3 萬人連署，其中包括 4,500 名 AI 與機器人研究專家。信中結論提到，「開啟 AI 軍事武器競賽是不智的，應該禁止人類無法實質控制的自主攻擊武器。」[10]

　　其他 AI 科技應用也曾被祭出禁令，或者建議禁止採用。有些禁令是針對特定情境，像是加州（暫時）禁止警用密錄器搭載人臉辨識功能，[11] 舊金山則是進一步禁止全市機關使用這種科技。[12]

　　以上規則屬於**被動義務**例子，規定人不能從事的行為。但規則也可以是以**主動義務**呈現，如加州 2019 年 7 月施行的《網路透明促進法》（*Bolstering Online Transparency Bill*, BOT），便「規定凡是企圖以機器人影響加州州民投票或購物行為者，皆應明確對外告知」。[13]

　　新法達成目的的成效如何，有待觀察，但起碼這些目的明確且具體。然而，管制不見得總是如此明確，也可能是以較高層次的指引或原則呈現，其重要性雖不亞於前者，但在管制上較具彈性，因為必須視具體情況進行詮釋。

　　AI 領域有許多這種「軟性法律」的例子，像是歐盟執委會近期發布的 AI 原則；OECD、[14] 北京智源人工智能研究院、[15] 英國上議院人工智慧特別委員會[16] 與日本一般社團法人人工知能學會[17] 各自發布的指引；以及生命未來研究所發布的阿西洛馬原則（Asilomar Principles）。[18] Google 與 Microsoft 也曾各自發布原則聲明。[19] 可以篤定的是，哪一天 AI 若出嚴重差錯，也許會想擺脫指引或原則的束縛！

　　這些文件與聲明有立場重疊之處，多半主張注重公平與透明原則，也堅稱 AI 應該用於促進人類福祉與繁榮。看來各國對此有共識，可謂正面。但從另一個角度來看，這些原則與共識也很籠統。畢竟有誰會不同意 AI 要用在對人類有益的事，或者會認為 AI 應該要變得不公平？對律師與管制者而言，若要將值得稱許卻又籠統的目標化為具體規則，應用在實際生活，此時魔鬼就藏在細節裡。他們也必須曉得不同原則相衝突時該如何處理，如透明與隱私的衝突，或公平

與安全的衝突。

有時候，硬性與彈性規則可以相輔相成，紐西蘭《人類輔助生殖科技法》（*Human Assisted Reproductive Technology Act*）除了明文禁止複製人等行為，也有籠統的引導原則與目的規範以供管制者決策時遵循，像是規定「應維護促進人類目前與未來世代的健康、安全與尊嚴」，以及「應考量並尊重社會上不同倫理、信仰與文化觀點」。這些原則提供管制者行為上的依據，卻可以按照具體決策情境進行不同詮釋。

規則一方面可以是有拘束力的，民眾想到的規則多是如此，如酒駕、竊盜與稅務詐欺法，這些都不是裁量性質的法律。另一方面，規則也可以是建議性質，說明「最佳標準做法」。有拘束力與無拘束力的區分，不同於具體與籠統的區分。有些規則可以很具體（像是具體說明某一款軟體的使用方式），但屬於建議性質。開發工程師在使用該軟體時，就算不理會建議也不會受罰。有些規則可以很籠統含糊（像是前面提到的原則），卻是強制性質，開發工程師**必須遵守**（儘管容有詮釋空間）。

可見「管制」指涉的概念很廣，除了來源不同（政府、議會、法院、受託實施特定領域管制的機關，甚至來自業界或企業本身），具體程度不同（具體禁止某種利用或做法，或者較高層次的原則性管制），拘束力也不同（有拘束力且有罰則，或者純屬建議與自願遵從）。

AI 可以透過以上方式擇一或綜合管制。問題於是變成是：到底要管制什麼。

定義難題：眾人所指為何？

　　確立管制的內容，或許是主張管制之後第一件該做的事。管制的對象如果是「電動自行車」或「雷射筆」，這麼做並不難，但若管制的是包山包海的 AI，挑戰不小。

　　從研究文獻一再可見，AI 缺乏「定義共識」。[20] 乍看之下，這是很大的阻礙，畢竟法院必須曉得該如何適用新法規，管制者必須曉得職權範圍爲何，利害關係人也需要能夠判斷法規適用的方式，以及法規適用的對象。

　　AI 一定要先有定義，才能夠評估是否有管制的必要嗎？端看幾個要素。首先，要不要有明確定義，得看我們是否要制定專門的 AI 規範或管制架構。如果 AI 比較適合以籠統性質的法律來管制，則定義這件事就沒那麼迫切，因爲一個東西算不算是「AI」，並不影響 AI 的法律地位。但如果需要專門的 AI 法律與管制措施，則勢必要對 AI 做出定義。

　　另一種方式，是不去對 AI 做出全面性定義，只從特定風險或問題面向進行定義。這麼做便可以替預測型演算法、人臉辨識或無人車安排規則，毋須過分操心「AI」的整體定義。

管制階段：上游或下游？

　　確定要管制**什麼**以及**如何**管制之後，下一個要決定的問題，就是**何時**管制。有時候在科技上市之前、甚至是科技**尚未**出現之時便提前管制，顯然會有益處。科技如果格外危險，或是道德上難以認同，則在概念階段即提出警告，乃是合理之舉。即使情況沒那麼極端，及

早干預仍有好處，因爲可以影響研究與投資方向。葛萊格利・曼戴爾（Gregory Mandel）認爲早期干預，來自利害關係人的阻力會比較小，因爲涉及的利益與沉沒成本（sunk costs）都會比較少，「業界與大眾也比較不會滯於現狀」。[21]

　　然而，有時候觀望會比較好，與其去預料問題會不會發生，不如等到問題發生再來處理。網路常被視爲受惠於這種做法的好例子。桑思坦主張管制應該三思而後行，認爲人比較難在早期「上游」階段就對成本與效益做出正確預測與判斷，「如果晚一點再做會比較正確，則延後做決策（某種程度上）是有利的」。[22]

　　早一點管制或晚一點管制，哪一個比較好，沒有直接的答案，必須視科技細節而定。所幸事情不是非此即彼，並不是「全部現在都要管制」，否則就「全部要晚一點管制」，而是可以將某些特別嚴重、迫切或明顯的風險及早處理，屬於臆測或遙遠的風險則留待日後資訊更加充分時再做處理。

管制傾斜與寧可安全

　　然而，許多時候沒有辦法延後決策，科技已經在運用了，或是成爲應用主體，根本無法延後決策。

　　管制者遇到這種不確定性時，該怎麼辦呢？「管制傾斜」（regulatory tilt）指的是管制者一開始採取的立場或預設模式。在無法確保決策會是對的情況下（往往會有疑慮），該偏向哪一邊？

　　顯而易見的一種做法，是寧可保持謹慎安全，採取預防原則。歐洲議會在 2017 年向歐盟執委會提出機器人相關建議時即主張，研究活動應符合預防原則，並針對預期的安全影響採取妥當預防措

施。[23]

　　新興科技的風險如果不確定，採行預防原則便很合理，畢竟等到證實有危險之際，風險恐怕已經成真，出現原本可以避免的損失與傷害。有時損失很難彌補，這不單單是指人身傷害，亦指事情木已成舟，無法回復。例如，將基因改造的細菌或失控的奈米機器人散播到自然界。這也是外界對極度聰明卻失控的 AI 感到憂慮之處。如果顧慮屬實，就像馬廄裡的馬已奪門而出，再關門便來不及。

　　尼克・波斯壯（Nick Bostrom）大力主張謹慎面對這類風險，警告「攸關物種存亡的事，不適合試錯。因為不會有機會讓人從錯誤中學習」。[24] 他建議採取「maxipok」的做法，意即「讓好結果的可能性最大化，『好結果』的定義是避免物種滅亡」。[25]

　　當風險攸關物種存亡──某些人真心認為 AI 有這種風險──預防論便顯得有說服力。難就難在判斷現實中是否真的會發生這種風險。法律與管制不應該是為了因應未來學家與科幻作家的恐怖想像而設，但管制者又該如何區分哪些是真實，哪些是虛幻？人類歷史（甚至當今！）處處可見重大風險被低估、忽視或掩飾的可怕教訓，舉凡石棉、沙利竇邁，乃至人為的氣候變遷與傳染病全球大流行。比較少人注意到的是，歷史上也不乏對新科技杞人憂天的例子，事後看來卻很可笑。吉妮維芙・貝爾（Genevieve Bell）提到鐵路運輸剛起步的年代，有人曾經擔心「女性身體構造無法承受時速 50 英里的前進速度」，會讓「子宮飛出體外」！[26]

　　有些案例確實讓管制者很難判斷，因為幕後科學既費工，也有爭議。就在歐洲核子研究組織（CERN）啟動大型強子對撞機（Large Hadron Collider, LHC）不久以前，一些憂心忡忡的科學家曾向法院聲請祭出禁令，[27] 理由是啟動對撞機可能會產生黑洞，危及地球存

續。試想法官在衡量兩造理論物理學家的說法時會多麼頭疼，多數人認為運行很安全，少數人卻認為會導致世界末日。

最後法院採納多數人的意見，對撞機順利啟動，（目前為止）沒有發生災難。假如當時是以減少物種存亡風險為重，勢必會採取相反做法。

即使有合理理由要認真看待重大警告，也不見得每次都可以從「道德數學」（moral maths）獲得明顯提示，讓人知道如何應對。如果決策以迴避風險為重，往往也需放棄某些好處。以某些 AI 為例，這種好處相當可觀。像是無人車，採取預防做法固然會消除無人車造成的死亡風險，但其實公路死亡人數每年約有 120 萬人，如果無人車可望大幅減少公路死亡人數，則捨此機會不用，本身就是一種風險。

其他潛在 AI 應用也可能會面臨類似取捨。舉例而言，AI 用於醫療診斷的成效，確實可能比人類佳，而更好的表現，代表人類可以活更久，活得更有品質。

至於波斯壯與馬斯克擔心的極度聰明 AI 呢？或許連這方面的研究，都有理由從預防角度禁止為之。但道德數學要人們去思考，這麼做會放棄什麼？為了不讓人在不經意之中帶領人類踏入極度智慧之域，該去禁止哪些研究？但如此一來，是否會錯失可望解決目前無解問題的 AI 方案？[28] 就物種存亡而言，難道失控的極度智慧會比這件事更為迫切？

「避免最差結果就對了」，如此簡單的法則乍看令人傾心，實則難以在物種存亡威脅來自四面八方、或者其他結果沒那麼差卻更可能發生的情況下，讓人曉得如何寧可保持安全。從這個角度來看，沒有一個簡單捷思法能夠保證避免出現最差情況。

比照聯邦食品藥物管理局的設置管理 AI？

　　議會通過的法律是重要法源，固無疑問，而且有某些好處。一來，法律由民選代表制定，具有民主正當性，再者也很透明（很難通過法律而不被人發現）。意即法律效果在理想上可被預期。

　　立法的缺點是，調整太慢。議會通過新法律曠日廢時，[*1] 且難以在簡短篇幅交代所有預料得到的情況，故新法律實際效用如何，多半得由法院針對具體情況適用法條時才能見真章。

　　另一種替代做法──或者輔助做法──則是設置專門管制機關。麥修‧薛洛（Matthew Scherer）認為以管制機關因應新興科技有幾個好處，第一個是機關「可為管制特定產業，或為解決特定社會問題量身設置」。[29] 國會議員只是通才，專門管制機關的組成成員，則可依據專長任命。例如，依法規定，紐西蘭輔助生殖科技諮詢委員會應有至少一名具輔助生殖流程專長的成員，以及至少一名具人類生殖研究專長的專家。

　　管制機關的另一個好處，則是優於經由判案確立規則的法院。法官的職權範圍有限，僅能裁判個案。管制機關則無此限制。

　　管制機關的型態多元，職權範圍與責任亦有不同，可以是專門針對單一科技而設，也可以是針對整個科技科目而設，如前面提到的輔助生殖科技諮詢委員會，或英國的人類生殖與胚胎學管理局，便是以

[*1] 倒也不一定，一個例子是 2019 年 3 月 15 日紐西蘭基督城發生大規模槍擊案，並且透過 Facebook 直播。不到三週時間，澳洲政府旋即在 4 月 6 日修正通過《2019 年刑法修正案（反感暴力內容之分享）》（*Criminal Code Amendment (Sharing of Abhorrent Violent Material) Act 2019*），規定社群媒體平臺的內容服務「應迅速移除令人反感的暴力內容」。外界抨擊澳洲政府未針對內容或法律效果徵詢相關意見，這也是火速立法常為人詬病之處。

生殖科技爲主。管制機關的設置，也可以是爲了滿足某個政策目標或價值，如英國資訊委員辦公室與紐西蘭隱私委員辦公室，即是專門爲隱私與資料保護而設。

　　管制機關被賦予的權限也很多元，有些可以強制稽查，有些可以開罰；有些可以制定規則，有些只能執行別人訂立的規則，或確保別人訂立的規則有被遵守。做法上通常會比較「柔軟」，像是發布最佳做法指南，提供實務準則，或被動提供建議。AI 適合以上哪一種模式，顯然值得好好思考。

　　醫藥業的現有管制模式，近來被認爲值得 AI 與演算法借鏡。儘管細節因地區而異，但多數國家都有設立管制機關，其中最知名者，爲美國的食品藥物管理局（Food and Drug Administration, FDA）。有些人即主張成立 AI 領域的 FDA。[30]

　　歐勒夫・葛羅斯（Olaf Groth）與其同仁指出，並非所有 AI 科技應用都需經由管制機關審查，「應該針對何時啓動審查、審查要多深入等事項規定啓動時機，一如 FDA 的做法，事涉藥品則權限擴張，事涉營養品則權限退縮」。[31]

　　安德莉亞・柯勞沃斯（Andrea Coravos）與其同仁則看衰由單一 AI 管制者管理所有領域與使用案例，主張「要隨應用領域量身實施監督」，[32] 醫療業「適合自己管制業內演算法」，「其他如教育與金融產業等具有監管機構的產業，也有責任以引導甚至是正式規範等方式，說明典範做法」。[33] 柯勞沃斯等人雖不無道理，惟不確定這種制度模式能否應付極度創新的科技領域帶來的新興難題。像是先前提過社群媒體採用的「機器人」或推薦演算法，恐有影響選舉結果之虞，或者可能讓民眾政治立場更趨極端。然而，這些領域目前受到管

制審查並不多。[*2]

　　紐西蘭奧塔哥大學的研究人員（本書幾位作者包含在內）曾在2019年建議設立專門管制機關，以因應預測型演算法投入政府應用。[34]這種機關應該如何運作？安德魯．塔特（Andrew Tutt）在一篇同時主張FDA模式的文章中談到，這種機關可以有幾種功能，從「點到為止」到「來硬的」都可以。比方說，機關可以

　　．負責訂定標準。

　　．以公共安全為由，規定公開技術細節。

　　．規定某些演算法須經由機關核可後，方得實施。[35]

　　塔特分析指出，以上第三項做法僅適用於「最不透明、最複雜且最危險」的利用，「管制機關可以要求企業證明演算法運作是安全的」。他也建議比照藥品做法，採取上市核可制，凡是未經允許逕自配銷AI者，或是「仿單標示外使用」者，都將遭受法律處罰。

　　實施核可制是值得認真考慮的做法，因為若是針對特定AI演算法或程式立法，容易忽略這些工具其實是深具彈性，原本核准用於無害目的的某一種AI，也可以被轉換用於更加機敏且危險的目的。

給AI訂規則？

　　目前為止，作者們談的都是**關於**AI的規則，適用對象是製造、銷售或使用AI產品的人類。至於寫入AI程式的規則呢？有沒有理

[*2] 當然，影響政治的行為不是沒有規範，但主要是針對選戰或候選人獻金。甚至在某些地區，相關規範並不多（Citizens United）。至於對個別民眾精準投放選舉廣告的行為，或是裝成真人參與網路討論的聊天機器人，目前為止沒有受到太多審查規範。舊金山的《網路透明促進法》則是少數例外。

由規定 AI 必須做哪些事，或不准做哪些事？

　　至今人們關注的焦點，都是明顯可能造成傷害的體化 AI（embodied AI），像是無人車與機器人。以無人車爲例，賓士公開坦承在設計汽車程式時，會將乘客性命的順位放在其他性命也有危險的人的前面，此舉引發關注。[36] 駕駛輔助系統與主動式安全部門經理克里斯多福‧胡戈（Christoph von Hugo）在接受訪談時表示，這麼做是基於機率。「如果知道至少能夠救一個人，起碼就要去救那個人——也就是車內的人。」[37]

　　乍看之下，這種「手中握有一鳥，勝過叢中二鳥」的邏輯不無道理，然而從道德數學角度來看，卻又有些薄弱。萬一「救車內一人」的代價，是造成人行道上 10 人死亡？或者造成校車上 30 人死亡？AI拯救車內乘客的勝算要有多大，做這種判斷才算合理？

　　從負面角度來看，賓士或其他車商如果做出額外承諾，能賣得了無人車才怪。幾個月前《科學》期刊有一篇文章提到，雖然很多人都認同犧牲一名乘客換取 10 名行人的性命的做法符合道德，卻很少人希望自己的車子會這麼做。[38]

　　這個結果不讓人意外，人們都會優先注重自己與親近者的福祉，這麼做有利於演化。該文作者也有同感，他們寫道：「這就是社會兩難（social dilemma）的典型表現，人人想搭便車，不去採取對整體結果最有利的行爲。」[39] 又建議：「典型解決之道，就是由管制機關強制民眾做出有利於整體結果的行爲。」回到前面的例子，該不該去制定規則防止搭便車行爲出現？

　　這種以顧客性命至上思維設計的車輛一旦開到路上，不免會衝擊幾種道德價值：一個是生命價值平等，應被一視同仁；另一個是效用論點在意的減輕損害；還可能違背禁止主動危害的道德（與法律）鐵

律。為了救乘客而讓車輛轉向，結果撞到單車騎士或行人，難謂高尚的犧牲，而是主動危害到原本沒有人身危險的人。儘管刑法並不責難緊急危難時不利他且自我犧牲的駕駛，但對於在平靜的電腦工作室或車輛展示間做這種選擇的人，法律上恐怕會有不同見解。

　　其他攸關生死的排序雖然不如此明顯自利，卻也是人類共同價值的一大難題。2018 年有一份（「道德機器」）研究發現，不同國家人民對於無人車的兩難情境，存在地區性與文化上差異。[40] 有些偏好縱使有爭議，卻可以理解（如救年輕人，不救老人）；有些偏好不合時宜（如女性性命優先於男性性命）；有些則令人反感（救高社會地位者，不救低社會地位者）。

　　儘管上述研究有些虛假，卻顯示有必要制定規則，以確保在不得不做選擇的時候，不會是根據有疑慮的偏好而做。事實上，德國正在朝此方向前進，德國聯邦交通基礎建設部倫理委員會曾在 2017 年提出一份自動與物聯駕駛報告，內容特別探討兩難案例與相對應的規則設計。報告提到：「事故若難以避免，嚴禁以個人特徵（年齡、性別、身體或心理建構）區分對象。」

　　該報告也提到，「從減少人身傷害次數的角度設計整體程式或許有理」，惟不得為保全與行車風險生成有關的一方，犧牲與「行車風險生成無關」的另一方。[41] 意即不得為保全無人車車內乘客之性命，犧牲無辜路人、旁觀者、單車騎士等人之性命。

　　無人車可以說是目前這一類難題最明顯的例子，但這類例子往後肯定還會出現。以往決策狀況因為過於罕見，或者多以直覺決斷，不足以透過法律因應，今後則要改以實質規範因應。惟從「道德機器」研究可見，管制者恐怕會苦於無法取得規範上的道德共識。迄今研究也表明了，交給市場力量做決定，結果不會讓多數人滿意。

小結

　　AI 要有新規範，但規範不見得必須專門針對 AI 而設。隨著 AI 深入人類生活各個層面，AI 會與商業、交通、就業、醫療等更一般性的規範交會。

　　規範也不見得一定**要全新制定**。AI 可以直接適用某些現有法律與法規（惟也許須稍做調整）。從頭建立全新規範機制之前，應該先盤點手邊現有的素材。

　　當然，AI 也要靠全新專門規則來規範，現有法律有些缺口容易填補，有些則迫使人們重新檢視法律背後的價值與預設。針對科技制定新規範的一大挑戰，就在於要顧及社會所有成員的需求，而不只是科技創業家與其客戶，甚至是其他社會上有影響力的人士的需求。

結語

　　作者們於 2019 年著手撰寫本書，當時許多民眾與政府逐漸注意到 AI 科技帶來的挑戰，降低相關風險的管制運動正在蓄勢待發。民眾關心自己的人生會被無從否定、甚至難以理解的演算法決定，擔心 AI 會搶走工作，或者無人車會主導駕駛。種種顧慮，至今未消。

　　提筆之初，沒有一位作者聽過「COVID-19」。

　　書將寫完之刻，疫情依舊肆虐全球，確診人數逼近 150 萬人，死亡人數達 7 萬 5,000 人。各國封城，全球約三分之一人口受到某種人身限制，多數被迫待在家中。各國匆匆實施緊急法律，拚命提供醫療，阻止經濟崩潰。

　　想要預測 COVID-19 會帶來什麼樣的改變，改變規模會多大，注定是徒勞的。但有一件事情可以確定，那就是 2020 年的疫情大流行會讓許多民眾、社會與政府重新評估事情的輕重緩急。

　　從管制面向可以看到事情的輕重緩急已經有所不同。《金融時報》在 2020 年 3 月底曾經引述某位「通曉歐盟執委會思維」不具名人士的話，指「歐盟立場儘管仍未退縮，卻已在積極思考先前於 AI 白皮書提出的建議會帶來哪些非預期後果」。[1]

　　作者們無法得知他們心中想到的是哪些非預期後果，但顯然安全與隱私的平衡，可能會因為這場危機有所調整。重點也許不會放在 AI 是否和人類一樣稱職能幹，而是 AI 能否代替不在現場的人類伸出援手。如果演算法工具有助於及早發現確診者、實施接觸者疫調、透過檢傷來分配稀有的醫療資源，甚至是找出治療方法，此時若還要求必須嚴謹測試與檢驗，便顯得奢侈。

　　危機當頭的此刻，注意力都放在減緩疾病傳播、提供病患必要治療，這固然可以理解，也是不得不然。然而封城數月之後，可能還要面對更長久的人身限制、監控與配給措施，便不得不提出隱私、安

全、衡平與尊嚴等困難問題。隨著政府與警方取得全新權力，科技迅速用來監控、追蹤民眾去向與接觸對象，吾人也不得忽略課責與民主等課題。序言曾經提到，用來追蹤確診者的疫調科技不會隨著危機解除跟著消失，不應該天真以為政府、警方與民間企業會交出手中權力。

　　就業前景也可能會因此不同。這場疫情危機突顯不安定僱用型態工作者（precarious workers）——如物流司機、清潔工與貨品上架員——對社會正常運作至關重要。然而經濟衰退恐怕在即，企業在自身難保的情況下，出於經濟考量改採科技應用，卻會衝擊到這群人的生計。寫作此刻，西班牙已經宣布有意永久實施數月前才被視為實驗性質且難以為繼的全民基本收入制度。[2] 可見難以想像之事，皆迅速被認真考慮。

　　人們必須倚賴技術、道德、法律、經濟等專家的意見，才能夠因應這些挑戰，進行決策。故至少短期不會聽到太多民粹分子重嘆「受夠專家」的老調。然而決策不能只靠專家，民主政治不是由技術官僚主導，也不是由少數富裕科技創業家主導。

　　想善用 AI 科技，同時避開危險的話，就得保持警覺。但要保持警覺的人，不只是政府與管制機關，也不只是倡議人士與學者——雖然作者們希望藉由此書做出微薄貢獻。事實上，社會各方人士——舉凡辛苦參與演算法決策者，乃至工作會因此不保或會被取代的人——都應該保持警覺。

　　要求遭遇歧視、財務窘境、國家壓迫或雇主壓榨的民眾花時間去了解 AI，或許困難。這個領域的進展令人暈頭轉向。但對於有意願也有本錢去了解的公民讀者，作者們要送上誠摯的祝福。身為明察秋毫的公民，你的角色不可或缺，可以確保科技與其應用符合公平。希望本書能夠帶給你加持。

註釋

序言：大家到底在嗨什麼？

[1] A. M. Lowe, "Churchill and Science," in *Churchill by His Contemporaries*, ed. Charles Eade (London: Reprint Society, 1955), 306.

[2] Jamie Susskind, *Future Politics: Living Together in a World Transformed by Tech* (New York: Oxford University Press, 2018), 54.

[3] Richard Susskind and Daniel Susskind, *The Future of the Professions: How Technology Will Transform the Work of Human Experts* (Oxford: Oxford University Press, 2015), 50.

[4] Tim Hughes, "Prediction and Social Investment," in *Social Investment: A New Zealand Policy Experiment*, eds. Jonathan Boston and Derek Gill (Wellington: Bridget Williams Books, 2018), 162.

[5] Paul E. Meehl, *Clinical Versus Statistical Prediction: A Theoretical Analysis and a Review of the Evidence* (Minneapolis: University of Minnesota Press, 1954); R. M. Dawes, D. Faust, and P. E. Meehl, "Clinical Versus Actuarial Judgment," *Science* 243, no. 4899 (March 1989): 1668-1674; W. M. Grove et al., "Clinical Versus Mechanical Prediction: A Meta-Analysis," *Psychological Assessment* 12, no. 1 (April 2000): 19-30; J. Kleinberg et al., *Human Decisions and Machine Predictions* (Cambridge, MA: National Bureau of Economic Research, 2017).

[6] Hughes, "Prediction and Social Investment," 164-165.

[7] M. Ribeiro, S. Singh, and C. Guestrin, "'Why Should I Trust You?' Explaining the Predictions of Any Classifier," *Proc. 22nd ACM International Conference on Knowledge Discovery and Data Mining* (2016): 1135-1144.

[8] Steve Lohr, "Facial Recognition Is Accurate, if You're a White Guy," *New York Times*, February 9, 2018.

[9] Stuart Russell and Peter Norvig, *Artificial Intelligence: A Modern Approach*, 3rd ed. (Upper Saddle River, NJ: Prentice Hall, 2010), 3.

[10] Luciano Floridi, *The Fourth Revolution: How the Infosphere Is Reshaping Human Reality* (Oxford: Oxford University Press, 2014).

[11] *Associated Provincial Picture Houses Ltd. v. Wednesbury Corporation*, [1948] 1 K.B. 223.

[12] Alvin Toffler, *Future Shock*, ed. British Commonwealth (London: Pan Books, 197), 399.

〔13〕同上，頁 398。

第 1 章　什麼是人工智慧？

〔1〕 Marvin Minsky, ed., *Semantic Information Processing* (Cambridge, MA: MIT Press, 1968).

〔2〕 Nigel Watson, Barbara Jones, and Louise Bloomfield, *Lloyd's Register: 250 Years of Service* (London: Lloyd's Register, 2010).

〔3〕 Maurice Ogborn, *Equitable Assurances: The Story of Life Assurance in the Experience of the Equitable Life Assurance Society 1762-1962* (London: Routledge, 1962).

〔4〕 Samuel Kotz, "Reflections on Early History of Official Statistics and a Modest Proposal for Global Coordination," *Journal of Official Statistics* 21, no. 2 (2005): 139-144.

〔5〕 Martin Clarke, "Why Actuaries Are Essential to Government," *UK Civil Service Blog*, December 4, 2018, https://civilservice.blog.gov.uk/2018/12/04/why-actuaries-are-essential-to-government.

〔6〕 Martin H. Weik, "The ENIAC Story," *Ordnance, the Journal of the American Ordnance Association* (January-February 1961): 3-7.

〔7〕 George W. Platzman, *The ENIAC Computation of 1950: Gateway to Numerical Weather Prediction* (Chicago: University of Chicago Press, 1979).

〔8〕 Judy D. Roomsburg, "Biographical Data as Predictors of Success in Military Aviation Training," paper presented to the Faculty of the Graduate School of the University of Texas at Austin, December 1988.

〔9〕 Wei-Yin Loh, "Fifty Years of Classification and Regression Trees," *International Statistical Review* 82, no. 3 (2014): 329-348.

〔10〕 Frank Rosenblatt, *The Perceptron: A Perceiving and Recognizing Automaton* (Buffalo: Cornell Aeronautical Laboratory, 1958).

〔11〕 Donald Hebb, *The Organization of Behavior: A Neuropsychological Theory* (Oxford: Wiley, 1949).

〔12〕 Alex Krizhevsky et al., "ImageNet Classification with Deep Convolutional Neural Networks," *Communications of the ACM* 60, no. 6 (May 2017): 84-90.

第 2 章　透明

〔1〕 本章部分內容取自以下來源，並獲得 Springer Nature 授權轉載：John Zerilli, Alistair Knott, James Maclaurin, and Colin Gavaghan, "Transparency in Algorithmic and Human Decision-Making: Is There a Double Standard?" *Philosophy and Technology* (2018). 因

此內容純屬上述作者觀點。

[2] "Clever Hans," Wikimedia Foundation, last modified March 12, 2020, https://en.wikipedia.org/wiki/Clever_Hans.

[3] 同上。

[4] Edward T. Heyn, "Berlin's Wonderful Horse: He Can Do Almost Everything but Talk," *New York Times*, September 4, 1904, https://timesmachine.nytimes.com/timesmachine/1904/09/04/101396572.pdf.

[5] S. Lapuschkin et al., "Analyzing Classifiers: Fisher Vectors and Deep Neural Networks," *IEEE Conference on Computer Vision and Pattern Recognition* (2016): 2912-2920.

[6] S. Lapuschkin et al., "Unmasking Clever Hans Predictors and Assessing What Machines Really Learn," *Nature Communications* 10 (March 2019): 1-8.

[7] A. Mordvintsev, C. Olah, and M. Tyka, "Inceptionism: Going Deeper into Neural Networks," *Google AI Blog*, 2015, https://ai.googleblog.com/2015/06/inceptionism-going-deeper-into-neural.html.

[8] 參見 section 23 of the Official Information Act 1982, New Zealand's "freedom of information" legislation: http://www.legislation.govt.nz/act/public/1982/0156/latest/DLM65628.html.

[9] Lilian Edwards and Michael Veale, "Slave to the Algorithm? Why a 'Right to an Explanation' Is Probably Not the Remedy You Are Looking For," *Duke Law and Technology Review* 16, no. 1 (2017): 18-84.

[10] Jenna Burrell, "How the Machine 'Thinks': Understanding Opacity in Machine Learning Algorithms," *Big Data and Society* 3, no. 1 (2016): 1-12; Edwards and Veale, "Slave to the Algorithm"; Lilian Edwards and Michael Veale, "Enslaving the Algorithm: From a 'Right to an Explanation' to a 'Right To Better Decisions'?" *IEEE Security and Privacy* 16, no. 3 (2018): 46-54; Michael Veale and Lilian Edwards, "Clarity, Surprises, and Further Questions in the Article 29 Working Party Draft Guidance on Automated Decision-Making and Profiling," *Computer Law and Security Review* 34 (2018): 398-404; G. Montavon, S. Bach, A. Binder, W. Samek, and K. R. Müller, "Explaining Nonlinear Classification Decisions with Deep Taylor Decomposition," *Pattern Recognition* 65 (2018): 211; "The IEEE Global Initiative on Ethics of Autono- mous and Intelligent Systems," IEEE Standards Association, https://standards.ieee.org/industry-connections/ec/autonomous-systems.html.

[11] Edwards and Veale, "Slave to the Algorithm," 64. (粗體為作者們所加)

[12] "The IEEE Global Initiative on Ethics of Autonomous and Intelligent Systems," IEEE Standards Association, https://standards.ieee.org/industry-connections/ec/auto nomous-systems.html. (粗體為作者們所加)

〔13〕例如，可參見 https://standards.ieee.org/develop/project/7001.html.

〔14〕Regulation (EU) 2016/679 of the European Parliament and of the Council of 27 April 2016 on the protection of natural persons with regard to the processing of personal data and on the free movement of such data, and repealing Directive 95/46/EC (General Data Protection Regulation), OJ L 119, 27.3.2016, p. 1.

〔15〕S. Dutta, "Do Computers Make Better Bank Managers than Humans?" *The Conversation*, October 17, 2017.

〔16〕Brent D. Mittelstadt, Patrick Allo, Mariarosaria Taddeo, Sandra Wachter, and Luciano Floridi, "The Ethics of Algorithms: Mapping the Debate," *Big Data and Society* 16 (2016): 1-21, 7.

〔17〕Luke Muehlhauser, "Transparency in Safety-critical Systems," *Machine Intelligence Research Institute* (blog), August 25, 2013, https://intelligence.org/2013/08/25/transparency-in-safety-critical-systems/.

〔18〕Ronald Dworkin, *Taking Rights Seriously* (London: Duckworth, 1977); Ronald Dworkin, *Law's Empire* (London: Fontana Books, 1986).

〔19〕House of Lords, Select Committee on Artificial Intelligence, "AI in the UK: Ready, Willing, and Able?" April 2018, https://publications.parliament.uk/pa/ld201719/ldselect/ldai/100/100.pdf, 38.

〔20〕同上。

〔21〕同上，頁 40。（粗體為作者們所加）

〔22〕同上，頁 37。

〔23〕S. Plous, ed., *Understanding Prejudice and Discrimination* (New York: McGraw-Hill, 2003), 2.

〔24〕S. Plous, "The Psychology of Prejudice, Stereotyping, and Discrimination," in *Understanding Prejudice and Discrimination*, ed. S. Plous (New York: McGraw-Hill, 2003), 17.

〔25〕R. McEwen, J. Eldridge, and D. Caruso, "Differential or Deferential to Media? The Effect of Prejudicial Publicity on Judge or Jury," *International Journal of Evidence and Proof* 22, no. 2 (2018): 124-143, 126.

〔26〕同上，頁 136。

〔27〕同上，頁 140。

〔28〕Jeremy Waldron, *The Law* (London: Routledge, 1990).

〔29〕例如，可參見 Supreme Court Act, section 101(2) (New South Wales).

〔30〕*Devries v. Australian National Railways Commission* (1993) 177 CLR 472 (High Court of Australia); *Abalos v. Australian Postal Commission* (1990) 171 CLR 167 (High Court of Australia); cf. *Fox v. Percy* (2003) 214 CLR 118 (High Court of Australia).

[31] J. C. Pomerol and F. Adam, "Understanding Human Decision Making: A Fundamental Step towards Effective Intelligent Decision Support," in *Intelligent Decision Making: An AI-Based Approach*, eds. G. Phillips-Wren, N. Ichalkaranje, and L. C. Jain (Berlin: Springer, 2008), 24.

[32] 同上。

[33] 同上。

[34] M. Piattelli-Palmarini, *La R'eforme du Jugement ou Comment Ne Plus Se Tromper* (Paris: Odile Jacob, 1995); A. Tversky and D. Kahneman, "Judgment Under Uncertainty: Heuristics and Biases," *Science* 185 (1974): 1124-1131.

[35] Pomerol and Adam, "Understanding Human Decision Making."

[36] J. Pohl, "Cognitive Elements of Human Decision Making," in *Intelligent Decision Making: An AI-Based Approach*, eds. G. Phillips-Wren, N. Ichalkaranje, and L.C. Jain (Berlin: Springer, 2008).

[37] Montavon et al., "Explaining Nonlinear Classification Decisions."

[38] M. Ribeiro, S. Singh, and C. Guestrin, "'Why Should I Trust You?' Explaining the Predictions of Any Classifier," *Proc. 22nd ACM International Conference on Knowledge Discovery and Data Mining* (2016): 1135-1144.

[39] Chaofan Chen et al., "*This* Looks Like *That*: Deep Learning for Interpretable Image Recognition," preprint, submitted June 27, 2018, https://arxiv.org/pdf/1806.10574.pdf.

[40] 同上，頁 2。（粗體為作者們所加）

[41] Alexander Babuta, Marion Oswald, and Christine Rinik, "Machine Learning Algorithms and Police Decision-Making: Legal, Ethical and Regulatory Challenges," *Whitehall Reports* (London: Royal United Services Institute, 2018), 18.

[42] Zoe Kleinman, "IBM Launches Tool Aimed at Detecting AI Bias," *BBC*, September 9, 2019.

[43] 同上。

[44] John Zerilli, "Explaining Machine Learning Decisions," 2020 (submitted manuscript).

[45] E. Langer, A. E. Blank, and B. Chanowitz, "The Mindlessness of Ostensibly Thoughtful Action: The Role of 'Placebic' Information in Interpersonal Interaction," *Journal of Personality and Social Psychology* 36, no. 6 (1978): 635-642.

[46] W. M. Oliver and R. Batra, "Standards of Legitimacy in Criminal Negotiations," *Harvard Negotiation Law Review* 20 (2015): 61-120.

第 3 章　偏誤

[1] A. Tversky and D. Kahneman, "Judgment Under Uncertainty: Heuristics and Biases,"

Science 185 (1974): 1124-1131.

[2] Gerd Gigerenzer, Peter M. Todd, and the ABC Research Group, *Simple Heuristics That Make Us Smart* (New York: Oxford University Press, 1999).

[3] A. Tversky and D. Kahneman, "Availability: A Heuristic for Judging Frequency and Probability," *Cognitive Psychology* 5, no. 2 (1973): 207-232.

[4] G. Loewenstein, *Exotic Preferences: Behavioral Economics and Human Motivation* (New York: Oxford University Press, 2007), 283-284.

[5] Endre Begby, "The Epistemology of Prejudice," *Thought: A Journal of Philosophy* 2, no. 1 (2013): 90-99; Sarah-Jane Leslie, "The Original Sin of Cognition: Fear, Prejudice, and Generalization," *Journal of Philosophy* 114, no. 8 (2017): 393-421.

[6] S. Lichtenstein, B. Fischoff, and L. D. Phillips, "Calibration of Probabilities: The State of the Art to 1980," in *Judgment Under Uncertainty: Heuristics and Biases*, eds. D. Kahneman, P. Slovic, and A. Tversky (Cambridge: Cambridge University Press, 1982).

[7] N. Arpaly, *Unprincipled Virtue: An Inquiry into Moral Agency* (New York: Oxford University Press, 2003).

[8] Miranda Fricker, *Epistemic Injustice: Power and the Ethics of Knowing* (New York: Oxford University Press, 2007).

[9] Begby, "The Epistemology of Prejudice"; Leslie, "The Original Sin of Cognition."

[10] J. Pohl, "Cognitive Elements of Human Decision Making," in *Intelligent Decision Making: An AI-Based Approach*, eds. G. Phillips-Wren, N. Ichalkaranje, and L. C. Jain (Berlin: Springer, 2008); A. D. Angie, S. Connelly, E. P. Waples, and V. Kligyte, "The Influence of Discrete Emotions on Judgement and Decision-Making: A Meta-Analytic Review," *Cognition and Emotion* 25, no. 8 (2011): 1393-1422.

[11] Cathy O'Neil, *Weapons of Math Destruction: How Big Data Increases Inequality and Threatens Democracy* (New York: Broadway Books, 2016).

[12] Toby Walsh, *2062: The World that AI Made* (Melbourne: La Trobe University Press, 2018).

[13] Virginia Eubanks, *Automating Inequality: How High-Tech Tools Profile, Police, and Punish the Poor* (New York: St Martin's Press, 2017).

[14] J. Larson, S. Mattu, L. Kirchner, and J. Angwin, "How We Analyzed the COMPAS Recidivism Algorithm," *ProPublica*, May 23, 2016, https://www.propublica.org/article/how-we-analyzed-the-compas-recidivism-algorithm.

[15] H. Couchman, *Policing by Machine: Predictive Policing and the Threat to Our Rights* (London: Liberty, 2018).

[16] Jessica M. Eaglin, "Constructing Recidivism Risk," *Emory Law Journal* 67: 59-122.

[17] Lucas D. Introna, "The Enframing of Code," *Theory, Culture and Society* 28, no. 6

(2011): 113-141.

[18] T. Petzinger, *Hard Landing: The Epic Contest for Power and Profits that Plunged the Airlines into Chaos* (New York: Random House, 1996).

[19] Jamie Bartlett, *The People Vs Tech: How the Internet is Killing Democracy (and How We Save It)* (London: Penguin, 2018); Jamie Susskind, *Future Politics: Living Together in a World Transformed by Tech* (New York: Oxford University Press, 2018).

[20] Joseph Turow, *The Daily You: How the New Advertising Industry Is Defining Your Identity and Your Worth* (New Haven: Yale University Press).

[21] D. W. Hamilton, "The Evolution of Altruistic Behavior," *American Naturalist* 97, no. 896 (1963): 354-356.

[22] H. Tajfel, "Experiments in Intergroup Discrimination," *Scientific American* 223, no. 5 (1970): 96-102.

[23] Tim Hughes, "Prediction and Social Investment," in *Social Investment: A New Zealand Policy Experiment*, eds. Jonathan Boston and Derek Gill (Wellington: Bridget Williams Books, 2018), 167.

[24] E. Vul and H. Pashler, "Measuring the Crowd Within: Probabilistic Representations within Individuals," *Psychological Science* 19, no. 7 (2008): 645-647.

[25] J. Surowiecki, *The Wisdom of Crowds: Why the Many Are Smarter than the Few and How Collective Wisdom Shapes Business, Economies, Societies and Nations* (New York: Doubleday, 2004).

[26] Randy Rieland, "Artificial Intelligence Is Now Used to Predict Crime. But Is It Biased?" *Smithsonian*, March 5, 2018.

[27] O'Neil, *Weapons of Math Destruction*, 58.

[28] American Civil Liberties Union et al., *Predictive Policing Today: A Shared Statement of Civil Rights Concerns*, 2016, https://www.aclu.org/other/statement-concern-about-predictive-policing-aclu-and-16-civil-rights-privacy-racial-justice.

[29] Kristian Lum and William Isaac, "To Predict and Serve? Bias in Police-Recorded Data," *Significance* (October 2016): 14-19.

[30] 同上，頁 16。

[31] Andrew D. Selbst, Danah Boyd, Sorelle A. Friedler, Suresh Venkatasubramanian, and Janet Vertesi, "Fairness and Abstraction in Sociotechnical Systems," *Proc. Conference on Fairness, Accountability, and Transparency* (2019): 59-68.

[32] Lucas D. Introna, "Maintaining the Reversibility of Foldings: Making the Ethics (Politics) of Information Technology Visible," *Ethics and Information Technology* 9, no. 1 (2006): 11-25.

[33] I. Leki and J. Carson, "Completely Different Worlds: EAP and the Writing Experiences

of ESL Students in University Courses," *TESOL Quarterly* 31, no.1 (1997): 39-69.

[34] D. G. Copeland, R. O. Mason, and J. L. McKenney, "Sabre: The Development of Information-Based Competence and Execution of Information-Based Competition," *IEEE Annals of the History of Computing* 17, no. 3 (1995): 30-57.

[35] Petzinger, *Hard Landing*.

[36] 同上。

[37] Benjamin G. Edelman, "Leveraging Market Power Through Tying and Bundling: Does Google Behave Anti-Competitively?" *Harvard Business School* NOM Unit Working Paper, no. 14-112 (2014).

[38] D. Mattioli, "On Orbitz, Mac Users Steered to Pricier Hotels," *The Wall Street Journal*, August 23, 2013.

[39] G. Neff and P. Nagy, "Talking to Bots: Symbiotic Agency and the Case of Tay," *International Journal of Communication* 10 (2016): 17.

[40] P. Mason, "The Racist Hijacking of Microsoft's Chatbot Shows How the Internet Teems with Hate," *The Guardian*, March 29, 2016, https://www.theguardian.com/world/2016/mar/29/microsoft-tay-tweets-antisemitic-racism.

[41] Peter Lee, "Learning from Tay's Introduction," *Official Microsoft Blog*, March 25, 2016, https://blogs.microsoft.com/blog/2016/03/25/learning-tays-introduction/#sm.00000gjdpwwcfcus11t6oo6dw79gw.

[42] Adam Rose, "Are Face-Detection Cameras Racist?" *Time*, January 22, 2010.

[43] D. Harwell, "The Accent Gap," *The Washington Post*, July 19, 2018, https://www.washingtonpost.com/graphics/2018/business/alexa-does-not-understand-your-accent/?utm_term=.3ee603376b8e.

[44] N. Furl, "Face Recognition Algorithms and the Other-Race Effect: Computational Mechanisms for a Developmental Contact Hypothesis," *Cognitive Science* 26, no. 6 (2002): 797-815.

[45] Lucas D. Introna and David Wood, "Picturing Algorithmic Surveillance: The Politics of Facial Recognition Systems," *Surveillance and Society* 2: 177-198.

[46] R. Bothwell, J. Brigham, and R. Malpass, "Cross-Racial Identification," *Personality and Social Psychology Bulletin* 15 (1985): 19-25.

[47] Amanda Levendowski, "How Copyright Law Can Fix Artificial Intelligence's Implicit Bias Problem," *Washington Law Review* 93 (2018): 579-630.

[48] Tom Simonite, "Probing the Dark Side of Google's Ad-Targeting System," *MIT Technology Review,* July 6, 2015, https://www.technologyreview.com/s/539021/probing-the-dark-side-of-googles-ad-targeting-system/.

[49] Northpointe, *Practitioner's Guide to COMPAS*, 2015, http://www.northpointeinc.com/

downloads/compas/Practitioners-Guide-COMPAS-Core-_031915.pdf.

〔50〕 Larson et al., "How We Analyzed the COMPAS Recidivism Algorithm."

〔51〕 Alexandra Chouldechova, "Fair Prediction with Disparate Impact: A Study of Bias in Recidivism Prediction Instruments," *Big Data* 5, no. 2 (2017): 153-163.

〔52〕 同上。

〔53〕 Sam Corbett-Davies, Emma Pierson, Avi Feller, and Sharad Goel, "A Computer Program Used for Bail and Sentencing Decisions Was Labeled Biased against Blacks. It's Actually Not That Clear," *Washington Post*, October 17, 2016.

第 4 章　責任與法律責任

〔1〕 H. L. A. Hart, *Punishment and Responsibility: Essays in the Philosophy of Law*, 2nd ed. (New York: Oxford University Press, 2008).

〔2〕 同上，頁 211。

〔3〕 J. Ladd, "Computers and Moral Responsibility: A Framework for an Ethical Analysis," in *The Information Web: Ethical and Social Implications of Computer Networking*, ed. C. C. Gould (Boulder, CO: Westview Press, 1989); D. Gotterbarn, "Informatics and Professional Responsibility," *Science and Engineering Ethics* 7, no. 2 (2001): 221-230.

〔4〕 Deborah G. Johnson, "Computer Systems: Moral Entities but Not moral Agents," *Ethics and Information Technology* 8, no. 4 (November 2006): 195-204.

〔5〕 Andrew Eshleman, "Moral Responsibility," in *The Stanford Encyclopedia of Philosophy*, ed. Edward N. Zalta, Winter 2016, https://plato.stanford.edu/entries/moral-responsibility/.

〔6〕 Maurice Schellekens, "No-Fault Compensation Schemes for Self-Driving Vehicles," *Law, Innovation and Technology* 10, no. 2 (2018): 314-333.

〔7〕 Peter Cane, *Responsibility in Law and Morality* (Oxford: Hart Publishing, 2002).

〔8〕 同上。

〔9〕 Karen Yeung, "A Study of the Implications of Advanced Digital Technologies (Including AI Systems) for the Concept of Responsibility Within a Human Rights Framework," preprint, submitted 2018, https://ssrn.com/abstract=3286027.

〔10〕 Carl Mitcham, "Responsibility and Technology: The Expanding Relationship," in *Technology and Responsibility*, ed. Paul T. Durbin (Dordrecht, Netherlands: Springer, 1987).

〔11〕 M. Bovens and S. Zouridis, "From Street-Level to System-Level Bureaucracies: How Information and Communication Technology Is Transforming Administrative Discretion and Constitutional Control," *Public Administration Review* 62, no. 2 (2002): 174-184.

〔12〕Hans Jonas, *The Imperative of Responsibility: In Search of an Ethics for the Technological Age* (Chicago: University of Chicago Press, 1984).

〔13〕Andreas Matthias, "The Responsibility Gap: Ascribing Responsibility for the Actions of Learning Automata," *Ethics and Information Technology* 6, no. 3 (September 2004): 175-183.

〔14〕例如，可參見 K. Himma, "Artificial Agency, Consciousness, and the Criteria for Moral Agency: What Properties Must an Artificial Agent Have to be a Moral Agent?" *Ethics and Information Technology* 11, no. 1 (2009): 19-29.

〔15〕L. Suchman, "Human/Machine Reconsidered," *Cognitive Studies* 5, no. 1 (1998): 5-13.

〔16〕Gary Marcus, "Innateness, AlphaZero, and Artificial Intelligence," preprint, submitted January 17, 2018, https://arxiv.org/pdf/1801.05667.pdf.

〔17〕Madeleine C. Elish, "Moral Crumple Zones: Cautionary Tales in Human Robot Interaction," *Engaging Science, Technology and Society* 5 (2019): 40-60.

〔18〕David C. Vladeck, "Machines Without Principals: Liability Rules and Artificial Intelligence," *Washington Law Review* 89 (2014): 117-150.

〔19〕同上。

〔20〕Luciano Floridi and J. W. Sanders, "On the Morality of Artificial Agents," *Minds and Machines* 14, no. 3 (August 2004): 349-379.

〔21〕Colin Allen and Wendel Wallach, "Moral Machines: Contradiction in Terms or Abdication of Human Responsibility?" in *Robot Ethics: The Ethical and Social Implications of Robotics*, eds. Patrick Lin, Keith Abney, and George A. Bekey (Cambridge, MA: MIT Press, 2012).

〔22〕Johnson, "Computer Systems"; Deborah G. Johnson and T. M. Power, "Computer Systems and Responsibility: A Normative Look at Technological Complexity," *Ethics and Information Technology* 7, no. 2 (June 2005): 99-107.

〔23〕Peter Kroes and Peter-Paul Verbeek, eds., *The Moral Status of Technical Artefacts* (Dordrecht, Netherlands: Springer, 2014).

〔24〕Peter-Paul Verbeek, "Materializing Morality," *Science, Technology, and Human Values* 31, no. 3 (2006): 361-380.

〔25〕Ugo Pagallo, "Vital, Sophia, and Co.: The Quest for the Legal Personhood of Robots," *Information* 9, no. 9 (2019): 1-11.

第 5 章　控制

〔1〕本章部分內容取自以下來源，並獲得 Springer Nature 授權轉載：John Zerilli, Alistair Knott, James Maclaurin, and Colin Gavaghan, "Algorithmic Decision-Making and the

Control Problem," *Minds and Machines* (2019). 因此內容純屬上述作者觀點。

[2] C. Villani, *For a Meaningful Artificial Intelligence: Towards a French and European Strategy*, 2018, https://www.aiforhumanity.fr/pdfs/MissionVillani_Report_ENG-VF.pdf.

[3] AI Now Institute, *Litigating Algorithms: Challenging Government Use of Algorithmic Decision Systems* (New York: AI Now Institute, 2018), https://ainowinstitute.org/liti gatingalgorithms.pdf.

[4] 同上。

[5] Virginia Eubanks, *Automating Inequality: How High-Tech Tools Profile, Police, and Punish the Poor* (New York: St Martin's Press, 2017).

[6] Northpointe, *Practitioner's Guide to COMPAS,* 2015, http://www.northpointeinc.com/ downloads/compas/Practitioners-Guide-COMPAS-Core-_031915.pdf.

[7] *Wisconsin v. Loomis* 881 N.W.2d 749, 123 (Wis. 2016).

[8] 同上，頁 100。

[9] Raja Parasuraman and Dietrich H. Manzey, "Complacency and Bias in Human Use of Automation: An Attentional Integration," *Human Factors* 52, no. 3 (June 2010): 381-410.

[10] C. D. Wickens and C. Kessel, "The Effect of Participatory Mode and Task Workload on the Detection of Dynamic System Failures," *IEEE Trans. Syst., Man, Cybern.* 9, no. 1 (January 1979): 24-31; E. L. Wiener and R. E. Curry, "Flight-Deck Automation: Promises and Problems," *Ergonomics* 23, no. 10 (1980): 995-1011.

[11] Lisanne Bainbridge, "Ironies of Automation," *Automatica* 19, no. 6 (1983): 775-779, 775.

[12] 同上，頁 776。（粗體為作者們所加）

[13] 同上。

[14] Gordon Baxter, John Rooksby, Yuanzhi Wang, and Ali Khajeh-Hosseini, "The Ironies of Automation ... Still Going Strong at 30?" *Proc. ECCE Conference Edinburgh* (2012): 65-71, 68.

[15] David Cebon, "Responses to Autonomous Vehicles," *Ingenia* 62 (March 2015): 10.

[16] Bainbridge, "Ironies," 776.

[17] Neville A. Stanton, "Distributed Situation Awareness," *Theoretical Issues in Ergonomics Science* 17, no. 1 (2016): 1-7.

[18] Neville A. Stanton, "Responses to Autonomous Vehicles," *Ingenia* 62 (March 2015): 9; Mitchell Cunningham and Michael Regan, "Automated Vehicles May Encourage a New Breed of Distracted Drivers," *The Conversation*, September 25, 2018; Victoria A. Banks, Alexander Erikssona, Jim O'Donoghue, and Neville A. Stanton, "Is Partially Automated Driving a Bad Idea? Observations from an On-Road Study," *Applied*

Ergonomics 68 (2018): 138-145; Victoria A. Banks, Katherine L. Plant, and Neville A. Stanton, "Driver Error or Designer Error: Using the Perceptual Cycle Model to Explore the Circumstances Surrounding the Fatal Tesla Crash on 7th May 2016," *Safety Science* 108 (2018): 278-285.

[19] Bainbridge, "Ironies," 775.

[20] Wiener and Curry, "Flight-Deck Automation."

[21] 同上，頁 776。

[22] 例如，參見 Linda J. Skitka, Kathleen Mosier, and Mark D. Burdick, "Accountability and Automation Bias," *International Journal of Human-Computer Studies* 52 (2000): 701-717; Parasuraman and Manzey, "Complacency and Bias"; Kayvan Pazouki, Neil Forbes, Rosemary A. Norman, and Michael D. Woodward, "Investigation on the Impact of Human-Automation Interaction in Maritime Operations," *Ocean Engineering* 153 (2018): 297-304.

[23] Pazouki et al., "Investigation," 299.

[24] 同上。

[25] Parasuraman and Manzey, "Complacency and Bias," 406.

[26] Stanton, "Responses to Autonomous Vehicles."

[27] Banks et al., "Driver Error or Designer Error," 283.

[28] 同上。

[29] N. Bagheri and G. A. Jamieson, "Considering Subjective Trust and Monitoring Behavior in Assessing Automation-Induced 'Complacency'," in *Human Performance, Situation Awareness, and Automation: Current Research and Trends*, eds. D. A. Vicenzi, M. Mouloua, and O. A. Hancock (Mahwah, NJ: Erlbaum, 2004).

[30] Banks et al., "Driver Error or Designer Error," 283.

[31] J. Pohl, "Cognitive Elements of Human Decision Making," in *Intelligent Decision Making: An AI-Based Approach*, eds. G. Phillips-Wren, N. Ichalkaranje, and L. C. Jain (Berlin: Springer, 2008).

[32] Banks et al., "Is Partially Automated Driving a Bad Idea?"; Banks et al., "Driver Error or Designer Error."

[33] Guy H. Walker, Neville A. Stanton, and Paul M. Salmon, *Human Factors in Automotive Engineering and Technology* (Surrey: Ashgate, 2015).

[34] Mark Bridge, "AI Can Identify Alzheimer's Disease a Decade before Symptoms Appear," *The Times*, September 20, 2017.

[35] Nikolaos Aletras, Dimitrios Tsarapatsanis, Daniel Preotiuc-Pietro, and Vasileios Lampos, "Predicting Judicial Decisions of the European Court of Human Rights: A Natural Language Processing Perspective," *PeerJ Computer Science* 2, no. 93 (October 2016):

1-19.

[36] Erik Brynjolfsson and Andrew McAfee, *Machine Platform Crowd: Harnessing Our Digital Future* (New York: Norton, 2017).

[37] Skitka et al., "Accountability and Automation Bias," 701.

[38] Parasuraman and Manzey, "Complacency and Bias," 392.

第 6 章　隱私

[1] Samuel D. Warren and Louis D. Brandeis, "The Right to Privacy," *Harvard Law Review* 4, no. 5 (December 1890): 193-220.

[2] Universal Declaration of Human Rights (1948).

[3] Julie C. Inness, *Privacy, Intimacy and Isolation* (New York: Oxford University Press, 1992).

[4] 同上。

[5] Daniel J. Solove, "A Taxonomy of Privacy," *University of Pennsylvania Law Review* 154, no. 3 (January 2006): 477-560.

[6] David Banisar and Simon Davies, *Privacy and Human Rights: An International Survey of Privacy Law and Developments* (Global Internet Liberty Campaign, 2000), http://gilc. org/privacy/survey/intro.html.

[7] Lilian Edwards and Michael Veale, "Slave to the Algorithm? Why a 'Right to an Explanation' Is Probably Not the Remedy You Are Looking For," *Duke Law and Technology Review* 16, no. 1 (2017): 18-84, 32.

[8] Privacy International, *Privacy and Freedom of Expression in the Age of Artificial Intelligence* (London: 2018).

[9] David Locke and Karen Lewis, "The Anatomy of an IoT Solution: Oli, Data and the Humble Washing Machine," October 17, 2017, https://www.ibm.com/blogs/internet-of-things/washing-iot-solution/.

[10] C. Epp, M. Lippold, and R.L. Mandryk, "Identifying Emotional States Using Keystroke Dynamics," *Proc. SIGHI Conference on Human Factors in Computing Systems* (2011): 715-724.

[11] Yulin Wang and Michal Kosinski, "Deep Neural Networks Are More Accurate than Humans at Detecting Sexual Orientation from Facial Images," *Journal of Personality and Social Psychology* 114, no. 2 (2018): 246-257.

[12] Blaise Agüera y Arcas, Alexander Todorov, and Margaret Mitchell, "Do Algorithms Reveal Sexual Orientation or Just Expose Our Stereotypes?" *Medium*, January 11, 2018, https://medium.com/@blaisea/do-algorithms-reveal-sexual-orientation-or-just-expose-

our-stereotypes-d998fafdf477.

〔13〕John Leuner, "A Replication Study: Machine Learning Models Are Capable of Predicting Sexual Orientation from Facial Images," February 2019, Preprint, https://arxiv.org/pdf/1902.10739.pdf.

〔14〕Paul Ohm, "Broken Promises of Privacy: Responding to the Surprising Failure of Anonymization," *UCLA Law Review* 57 (2010): 1701-1777.

〔15〕J.P. Achara, G. Acs, and C. Castelluccia, "On the Unicity of Smartphone Applications," *Proc. 14th ACM Workshop on Privacy in the Electronic Society* (2015): 27-36.

〔16〕US Department of Housing and Urban Development, "HUD Charges Facebook with Housing Discrimination over Company's Targeted Advertising Practices," HUD press release no. 19-035, March 28, 2019.

〔17〕Katie Benner, Glenn Thrush, and Mike Isaac, "Facebook Engages in Housing Discrimination with Its Ad Practices, US Says," *New York Times*, March 28, 2019.

〔18〕同上。

〔19〕Virginia Eubanks, *Automating Inequality: How High-Tech Tools Profile, Police, and Punish the Poor* (New York: St Martin's Press, 2017).

〔20〕Salesforce and Deloitte, *Consumer Experience in the Retail Renaissance*, 2018, https://c1.sfdcstatic.com/content/dam/web/en_us/www/documents/e-books/learn/consumer-experience-in-the-retail-renaissance.pdf.

〔21〕Elizabeth Denham, *Investigation into the Use of Data Analytics in Political Campaigns: A Report to Parliament* (London: Information Commissioner's Office, 2018).

〔22〕同上，頁 4。也請參見 Information Commissioner's Office, *Democracy Disrupted? Personal Information and Political Influence* (London: Information Commissioner's Office, 2018).

〔23〕Information Commissioner's Office, *Democracy Disrupted*.

〔24〕Mary Madden and Lee Raine, *Americans' Attitudes about Privacy, Security and Surveillance* (Washington: Pew Research Center, 2015), https://www.pewinternet.org/2015/05/20/americans-attitudes-about-privacy-security-and-surveillance/.

〔25〕Ann Couvakian, "7 Foundational Principles," *Privacy by Design* (Ontario: Information and Privacy Commissioner, 2009), https://www.ipc.on.ca/wp-content/uploads/Resources/7foundationalprinciples.pdf.

〔26〕Sandra Wachter and Brent D. Mittelstadt, "A Right to Reasonable Inferences: Rethinking Data Protection Law in the Age of Big Data and AI," *Columbia Business Law Review* (forthcoming).

〔27〕Article 29 Data Protection Working Party, "Opinion 4/2007 on the Concept of Personal Data," 01248/07/EN (June 20, 2007), https://ec.europa.eu/justice/article-29/

documentation/opinion-recommendation/files/2007/wp136_en.pdf.

第7章 自主

[1] Evgeny Morozov, "The Real Privacy Problem," *MIT Technology Review*,,October 22, 2013, http://www.technologyreview.com/featuredstory/520426/the-real-privacy-problem/.

[2] Yuval Noah Harari, "Liberty," in *21 Lessons for the 21st Century* (London: Harvill Secker, 2018).

[3] 例如：Suzy Killmister, *Taking the Measure of Autonomy: A Four-Dimensional Theory of Self-Governance* (London: Routledge, 2017) and Quentin Skinner, "The Genealogy of Liberty," Public Lecture, UC Berkley, September 15, 2008, video, 1:17:03, https://www.youtube.com/watch?v=ECiVz_zRj7A.

[4] Joseph Raz, *The Morality of Freedom* (Oxford: Oxford University Press, 1986), 373.

[5] Barry Schwartz, *The Paradox of Choice: Why Less Is More* (New York: Harper Collins, 2004).

[6] Philip Pettit, *Republicanism: A Theory of Freedom and Government* (Oxford: Oxford University Press, 2001); Philip Pettit, "The Instability of Freedom as Non-Interference: The Case of Isaiah Berlin," *Ethics* 121, no. 4 (2011): 693-716; Philip Pettit, *Just Freedom: A Moral Compass for a Complex World* (New York: Norton, 2014).

[7] John Danaher, "Moral Freedom and Moral Enhancement: A Critique of the 'Little Alex' Problem," in *Royal Institute of Philosophy Supplement on Moral Enhancement*, eds. Michael Hauskeller and Lewis Coyne (Cambridge: Cambridge University Press, 2018).

[8] Brett Frischmann and Evan Selinger, *Re-Engineering Humanity* (Cambridge: Cambridge University Press, 2018).

[9] C. T. Nguyen, "Echo Chambers and Epistemic Bubbles," *Episteme* (forthcoming), https://doi.org/10.1017/epi.2018.32.

[10] David Sumpter, *Outnumbered: From Facebook and Google to Fake News and Filter-Bubbles: The Algorithms that Control Our Lives* (London: Bloomsbury Sigma, 2018).

[11] Jamie Susskind, *Future Politics: Living Together in a World Transformed by Tech* (New York: Oxford University Press, 2018).

[12] 同上，頁 347。

[13] Susskind, *Future Politics*.

[14] J. Matthew Hoye and Jeffrey Monaghan, "Surveillance, Freedom and the Republic," *European Journal of Political Theory* 17, no. 3 (2018): 343-363.

[15] 對於此現象之批判性後設分析，請參見 B. Scheibehenne, R. Greifeneder, and P. M.

Todd, "Can There Ever Be Too Many Options? A Meta-Analytic Review of Choice Overload," *Journal of Consumer Research* 37 (2010): 409-425.

[16] Nick Bostrom and Toby Ord, "The Reversal Test: Eliminating Status Quo Bias in Applied Ethics," *Ethics* 116 (2006): 656-679.

[17] Shoshana Zuboff, *The Age of Surveillance Capitalism* (London: Profile Books, 2019).

[18] Rogier Creemers, "China's Social Credit System: An Evolving Practice of Control," May 9, 2018, https://ssrn.com/abstract=3175792.

[19] Richard Thaler and Cass Sunstein, *Nudge: Improving Decisions about Health, Wealth and Happiness* (London: Penguin, 2009).

[20] Daniel Kahneman, *Thinking, Fast and Slow* (New York: Farrar, Straus and Giroux, 2011).

[21] Cass Sunstein, *The Ethics of Influence* (Cambridge: Cambridge University Press, 2016).

[22] Karen Yeung, "'Hypernudge': Big Data as a Mode of Regulation By Design," *Information, Communication and Society* 20, no. 1 (2017): 118-136; Marjolein Lanzing, "'Strongly Recommended': Revisiting Decisional Privacy to Judge Hypernudging in Self-Tracking Technologies," *Philosophy and Technology* (2018), https://doi.org/10.1007/s13347-018-0316-4.

[23] Tom O'Shea, "Disability and Domination," *Journal of Applied Philosophy* 35, no. 1 (2018): 133-148.

[24] Janet Vertesi, "Internet Privacy and What Happens When You Try to Opt Out," *Time*, May 1, 2014.

[25] Angèle Christin, "Counting Clicks. Quantification and Variation in Web Journalism in the United States and France," *American Journal of Sociology* 123, no. 5 (2018): 1382-1415; Angèle Christin, "Algorithms in Practice: Comparing Web Journalism and Criminal Justice," *Big Data and Society* 4, no. 2 (2017): 1-14.

[26] Alexandre Bovet and Hernán A. Makse, "Influence of Fake News in Twitter during the 2016 US Presidential Election," *Nature Communications* 10 (2019), https://www.nature.com/articles/s41467-018-07761-2.

[27] Andrew Guess, Brendan Nyhan, Benjamin Lyons, and Jason Reifler, *Avoiding the Echo Chamber about Echo Chambers*, Knight Foundation White Paper, 2018, https://kf-site-production.s3.amazonaws.com/media_elements/files/000/000/133/original/Topos_KF_White-Paper_Nyhan_V1.pdf; Andrew Guess, Jonathan Nagler, and Joshua Tucker, "Less Than You Think: Prevalence and Predictors of Fake News Dissemination on Facebook," *Science Advances* 5, no. 1 (January 2019).

[28] Michele Loi and Paul Olivier DeHaye, "If Data Is the New Oil, When Is the Extraction of Value from Data Unjust?" *Philosophy and Public Issues* (New Series) 7, no. 2 (2017):

137-178.

[29] Mark Zuckerberg, "A Blueprint for Content Governance and Enforcement," November 15, 2018, https://m.facebook.com/notes/mark-zuckerberg/a-blueprint-for-content-governance-and-enforcement/10156443129621634/.

[30] Frischmann and Selinger, *Re-Engineering Humanity*, 270-271.

[31] Susskind, *Future Politics*.

[32] 有關自主如何成為歐洲啓蒙思想核心的精采歷史回顧，參見 J. B. Schneewind, *The Invention of Autonomy* (Cambridge: Cambridge University Press, 1998).

第 8 章　演算法在政府機關的運用

[1] Adam Smith, "Of the Division of Labour," in *On the Wealth of Nations* (London: Strahan and Cadell, 1776).

[2] Thomas Malone, *Superminds: The Surprising Power of People and Computers Thinking Together* (London: Oneworld Publications, 2018); Joseph Henrich, *The Secret of Our Success* (Princeton, NJ: Princeton University Press 2015).

[3] Fabienne Peter, "Political Legitimacy," in *The Stanford Encyclopedia of Philosophy*, ed. Edward N. Zalta, Spring 2017, https://plato.stanford.edu/entries/legitimacy/; John Danaher, "The Threat of Algocracy: Reality, Resistance and Accommodation," *Philosophy and Technology* 29, no. 3 (2016): 245-268.

[4] Paul Tucker, *Unelected Power: The Quest for Legitimacy in Central Banking and the Regulatory State* (Princeton, NJ: Princeton University Press, 2018).

[5] 此則內容係根據不同資料來源拼湊而成，主要包括："Gardai Renewed Contract for Speed Vans that 'Should Be Consigned to the Dustbin'," *The Journal*, October 16, 2016, https://www.thejournal.ie/gosafe-speed-camera-van-2-2715594-Apr2016/; "Donegal Judge Dismisses Go-Safe Van Speeding Cases," *Donegal News*, December 3, 2014, https://donegalnews.com/2014/12/donegal-judge-dismisses-go-safe-van-speeding-cases/; Gordon Deegan, "Judge Asks Are Men in Speed Camera Vans Reading Comic Books," *The Irish Times*, March 22, 2014, https://www.irishtimes.com/news/crime-and-law/courts/judge-asks-are-men-in-speed-camera-vans-reading-comic-books-1.1734313; Wayne O'Connor Judge, "Go Safe Speed Camera Vans Bring Law into Disrepute," *The Irish Independent*, December 4, 2014, https://www.independent.ie/irish-news/courts/judge-go-safe-speed-camera-vans-bring-law-into-disrepute-30797457.html; Edwin McGreal, "New Loophole Uncovered in Go Safe Prosecutions," *Mayo News*, April 28, 2015, http://www.mayonews.ie/component/content/article?id=21842:new-loophole-uncovered-in-go-safe-prosecutions. It is also based on two Irish legal judgments:

Director of Public Prosecutions v. Brown [2018] IEHC 471; and *Director of Public Prosecutions v. Gilvarry* [2014] IEHC 345.

[6] 但也不應忽略的是，有人不認為超速是道路交通死亡事故的主要肇因，或者認為此肇因過於誇大。Anthony Behan 做了不錯的回顧，也在文章中特別探討愛爾蘭與英國民眾對於國內測速相機設置的態度。參見 Anthony Behan, "The Politics of Technology: An Assessment of the Barriers to Law Enforcement Automation in Ireland" (碩士論文，National University of Ireland, Cork, 2016), https://www.academia. edu/32662269/The_Politics_of_Technology_An_Assessment_of_the_Barriers_to_Law_ Enforcement_Automation_in_Ireland.

[7] "Gardai Renewed Contract."

[8] "'Motorists Were Wrongly Fined': Speed Camera Whistleblower," *The Journal*, April 1, 2014, https://www.thejournal.ie/wrongly-fined-1393534-Apr2014/.

[9] "GoSafe speed-camera system an 'abject failure': Judge Devins," *Mayo News* March 20, 2012, http://www.mayonews.ie/component/content/article?id=14888:gosafe-speed-camera-system-an-abject-failure-judge-devins.

[10] 有些是因為證據的處置在法律上有不確定性，愛爾蘭法院曾在以下訴訟中提及該不確定性：*Director of Public Prosecutions v. Brown* [2018] IEHC 471 and *Director of Public Prosecutions v. Gilvarry* [2014] IEHC 345.

[11] "Gardai Renewed Contract."

[12] Cary Coglianese and David Lehr, "Regulating by Robot: Administrative Decision Making in the Machine-Learning Era," *The Georgetown Law Journal* 105 (2017): 1147-1223; Marion Oswald, "Algorithm-Assisted Decision-Making in the Public Sector: Framing the Issues Using Administrative Law Rules Governing Discretionary Power," *Philosophical Transactions of the Royal Society A* 376 (2018): 1-20.

[13] Coglianese and Lehr, "Regulating by Robot," 1170.

[14] Michael Wellman and Uday Rajan, "Ethical Issues for Autonomous Agents," *Minds and Machines* 27, no. 4 (2017): 609-624.

[15] Coglianese and Lehr, "Regulating by Robot," 1178.

[16] 同上，頁 1182-1184。

[17] Oswald, "Algorithm-Assisted Decision-Making in the Public Sector," 14.

[18] Coglianese and Lehr, "Regulating by Robot," 1185.

[19] Virginia Eubanks, *Automating Inequality* (New York: St Martin's Press, 2017); Dan Hurley, "Can an Algorithm Tell When Kids Are in Danger?" *New York Times*, January 2, 2018, https://www.nytimes.com/2018/01/02/magazine/can-an-algorithm-tell-when-kids-are-in-danger.html; "The Allegheny Family Screening Tool," Allegheny County, https://www.alleghenycountyanalytics.us/wp-content/uploads/2017/07/AFST-Frequently-

Asked-Questions.pdf.

[20] Rhema Vaithianathan, Bénédicte Rouland, and Emily Putnam-Hornstein, "Injury and Mortality Among Children Identified as at High Risk of Maltreatment," *Pediatrics* 141 no. 2 (February 2018): e20172882.

[21] Teuila Fuatai, "'Unprecedented Breaches of Human Rights': The Oranga Tamariki Inquiry Releases Its Findings," *Spinoff*, February 4, 2020, https://thespinoff.co.nz/atea/numa/04-02-2020/unprecedented-breaches-of-human-rights-the-oranga-tamariki-inquiry-releases-its-findings/.

[22] Virginia Eubanks, *Automating Inequality*, 138.

[23] Stacey Kirk, "Children 'Not Lab-Rats'—Anne Tolley Intervenes in Child Abuse Experiment," *Stuff*, July 30, 2015, https://www.stuff.co.nz/national/health/70647353/children-not-lab-rats---anne-tolley-intervenes-in-child-abuse-experiment.

[24] "Allegheny Family."

[25] Tim Dare and Eileen Gambrill, "Ethical Analysis: Predictive Risk Models at Call Screening for Allegheny County," *Ethical Analysis: DHS Response* (Allegheny County, PA: Allegheny County Department of Human Services, 2017), https://www.alleghenycounty.us/WorkArea/linkit.aspx?LinkIdentifier=id&ItemID=6442457401.

[26] "Frequently Asked Questions" Allegheny County, last modified July 20, 2017, https://www.alleghenycountyanalytics.us/wp-content/uploads/2017/07/AFST-Frequently-Asked-Questions.pdf/.

[27] Virginia Eubanks, "The Allegheny Algorithm," *Automating Inequality*.

[28] Virginia Eubanks, "A Response to the Allegheny County DHS," *Virginia Eubanks* (blog), February 6, 2018, https://virginia-eubanks.com/2018/02/16/a-response-to-alleg heny-county-dhs/.

[29] Evgeny Morozov, *To Save Everything Click Here* (New York: Public Affairs, 2013).

[30] Dare and Gambrill, "Ethical Analysis," 5-7.

[31] Joseph Tainter, *The Collapse of Complex Societies* (Cambridge: Cambridge University Press, 1988).

[32] Guy Middleton, *Understanding Collapse: Ancient History and Modern Myths* (Cambridge: Cambridge University Press, 2011).

[33] Miles Brundage, "Scaling Up Humanity: The Case for Conditional Optimism about AI," in *Should We Fear the Future of Artificial Intelligence?* European Parliamentary Research Service (2018). 另一個類似但較悲觀的論點請見 Phil Torres, "Superintelligence and the Future of Governance: On Prioritizing the Control Problem at the End of History," in *Artificial Intelligence Safety and Security*, ed. Roman V. Yampolskiy (Boca Raton, FL: Chapman and Hall/CRC Press, 2017).

第 9 章　就業

[1] 以下標題的段落便提到一個不錯例子：Tom Ford, "Seven Deadly Trends," in *Rise of the Robots: Technology and the Threat of a Jobless Future* (New York: Basic Books, 2015), 35-61.

[2] *The Economic Report of the President* (Washington, D.C.: Chair of the Council of Economic Advisers, 2013), table B-47.

[3] Thomas Piketty, *Capital in the Twenty-First Century* (Cambridge, MA: Harvard University Press, 2014).

[4] J. Mokyr, *The Enlightened Economy: Britain and the Industrial Revolution 1700-1850* (London: Penguin, 2009).

[5] E. Brynjolfsson and A. McAfee, *The Second Machine Age: Work, Progress, and Prosperity in a Time of Brilliant Technologies* (New York: Norton, 2014).

[6] Helmut Küchenhoff, "The Diminution of Physical Stature of the British Male Population in the 18th-Century," *Cliometrica* 6, no. 1 (2012): 45-62.

[7] R. C. Allen, "Engels' Pause: Technical Change, Capital Accumulation, and Inequality in the British Industrial Revolution," *Explorations in Economic History* 46, no. 4 (2009): 418-435.

[8] John M. Keynes, *Essays in Persuasion* (London: Macmillan, 1931), 358-374.

[9] Jeremy Rifkin, *The End of Work: The Decline of the Global Labor Force and the Dawn of the Post-Market Era* (New York: Putnam Publishing Group, 1995).

[10] Carl B. Frey and Michael A. Osborne, "The Future of Employment: How Susceptible Are Jobs to Computerisation?" (working paper, Oxford Martin School, University of Oxford, 2013), https://www.oxfordmartin.ox.ac.uk/downloads/academic/The_Future_of_Employment.pdf.

[11] M. Artnz, T. Gregory, and U. Ziehran, "The Risk of Automation for Jobs in OECD Countries," OECD Social, Employment, and Migration Working Papers, no. 189 (2016), https://www.keepeek.com//Digital-Asset-Management/oecd/socialissues-migration-health/the-risk-of-automation-for-jobs-in-oecd-countries_5jlz9h56dvq7en#page1.

[12] 詳盡討論可參見 *The Impact of Artificial Intelligence on Work: An Evidence Review Prepared for the Royal Society and the British Academy* (London: Frontier Economics, 2018), section 3.2.2, https://royalsociety.org/-/media/policy/projects/ai-and-work/frontier-review-the-impact-of-AI-on-work.pdf.

[13] "Why Women Still Earn Much Less than Men," in *Seriously Curious: The Economist Explains the Facts and Figures that Turn Your World Upside Down*, ed. Tom Standage (London: Profile Books, 2018), 115.

[14] Katharine McKinnon, "Yes, AI May Take Some Jobs—But It Could Also Mean More

Men Doing Care Work," *The Conversation*, September 13, 2018.

[15] "Why Women Still Earn Much Less than Men," 115.

[16] Fabrizio Carmignani, "Women Are Less Likely to Be Replaced by Robots and Might Even Benefit from Automation," *The Conversation*, May 17, 2018.

[17] McKinnon, "Yes, AI May Take Some Jobs."

[18] 同上。

[19] M. Goos and A. Manning, "Lousy and Lovely Jobs: The Rising Polarization of Work in Britain," *The Review of Economics and Statistics* 89, no. 1 (2004): 118-133.

[20] Daron Acemoglu and David Autor, "Skills, Tasks and Technologies: Implications for Employment and Earnings," in *Handbook of Labor Economics*, vol. 4B, eds. Orley Ashenfelter and David Card (Amsterdam: Elsevier, 2011).

[21] Daron Acemoglu and Pascual Restrepo, "Robots and Jobs: Evidence from US Labor Markets," National Bureau of Economic Research Working Paper, no. 23285, Cambridge, MA, March 2017.

[22] S. Kessler, *Gigged: The Gig Economy, the End of the Job and the Future of Work* (London: Random House, 2018).

[23] A. Rosenblat and L. Stark, "Algorithmic Labor and Information Asymmetries: A Case Study of Uber's Drivers," *International Journal of Communication* 10 (2016): 3758-3784.

[24] Jack Shenker, "Strike 2.0: The Digital Uprising in the Workplace," *The Guardian Review*, August 31, 2019, 9.

[25] 同上。

[26] Adam Greenfield, *Radical Technologies: The Design of Everyday Life* (London: Verso, 2017), 199.

[27] 以下著作相當不錯地探討零工經濟使用演算法的風險：Jeremias Prassl, *Humans As a Service: The Promise and Perils of Work in the Gig Economy* (New York: Oxford University Press, 2018).

[28] Shenker, "Strike 2.0," 10.

[29] Bertrand Russell, *In Praise of Idleness and Other Essays* (London: Allen and Unwin, 1932), 23.

[30] 同上，頁 16。

[31] 此一論點在以下備受徵引的著作中有完善論述：Kate Raworth, *Doughnut Economics: Seven Ways to Think Like a 21st-Century Economist* (White River Junction, VT: Chelsea Green Publishing, 2017).

[32] "OECD Average Annual Hours Actually Worked per Worker," Statistics, Organization for Economic Co-operation and Development, last modified March 16, 2020, https://

stats.oecd.org/Index.aspx?DataSetCode=ANHRS.

[33] Russell, *In Praise of Idleness.*

[34] Bertrand Russell, *The Conquest of Happiness* (New York: Liveright, 1930).

[35] 同上。

第 10 章　監管

[1] "Elon Musk: Artificial Intelligence Is Our Biggest Existential Threat," *The Guardian*, October 27, 2014, https://www.theguardian.com/technology/2014/oct/27/elon-musk-artificial-intelligence-ai-biggest-existential-threat.

[2] Amanda Macias, "Facebook CEO Mark Zuckerberg Calls for More Regulation of Online Content," *CNBC*, February 15, 2020, https://www.cnbc.com/2020/02/15/face book-ceo-zuckerberg-calls-for-more-government-regulation-online-content.html.

[3] Cathy Cobey, "AI Regulation: It's Time for Training Wheels," *Forbes*, March 2019, https://www.forbes.com/sites/insights-intelai/2019/03/27/ai-regulation-its-time-for-training-wheels/#51c8af952f26.

[4] James Arvanitakis, "What are Tech Companies Doing about Ethical Use of Data? Not Much," *The Conversation*, November 28, 2018, https://theconversation.com/what-are-tech-companies-doing-about-ethical-use-of-data-not-much-104845.

[5] Jacob Turner, *Robot Rules: Regulating Artificial Intelligence* (London: Palgrave Macmillan, 2019), 210.

[6] Turner, *Robot Rules*, 212-213.

[7] Google, "Perspectives on Issues in AI Governance," 2019, https://ai.google/static/documents/perspectives-on-issues-in-ai-governance.pdf.

[8] 同上。

[9] Roger Brownsword and Morag Goodwin, *Law and the Technologies of the Twenty-First Century* (Cambridge: Cambridge University Press, 2016).

[10] "Autonomous Weapons: An Open Letter from AI and Robotics Researchers," Future of Life Institute, July 28, 2015, https://futureoflife.org/open-letter-autonomous-weapons.

[11] Anita Chabrita, "California Could Soon Ban Facial Recognition Technology on Police Body Scanners," *Los Angeles Times*, September 12, 2019.

[12] Shirin Ghaffary, "San Franciscos's Facial Recognition Technology Ban, Explained," *Vox*, May 14, 2019, https://www.vox.com/recode/2019/5/14/18623897/san-francisco-facial-recognition-ban-explained.

[13] Renee Diresta, "A New Law Makes Bots Identify Themselves: That's the Problem," *Wired*, July 24, 2019, https://www.wired.com/story/law-makes-bots-identify-themselves.

[14] "OECD Principles on AI," *Going Digital*, June, 2019, https://www.oecd.org/going-digital/ai/principles/.

[15] "Beijng AI Principles," BAAI (blog), May 29, 2019, https://www.baai.ac.cn/blog/beijing-ai-principles.

[16] House of Lords Select Committee on Artificial Intelligence, "AI in the UK: Ready, Willing and Able?" April 2018, https://publications.parliament.uk/pa/ld201719/ldselect/ldai/100/100.pdf.

[17] The Japanese Society for Artificial Intelligence, *Ethical Guidelines*, May 2017, http://ai-elsi.org/wp-content/uploads/2017/05/JSAI-Ethical-Guidelines-1.pdf.

[18] "Asilomar AI Principles," Future of Life Institute, 2017, https://futureoflife.org/ai-principles.

[19] "Microsoft AI Principles," Microsoft Corporation, November 2018, https://www.microsoft.com/en-us/ai/our-approach-to-ai; Sundar Pichai, "AI at Google: Our Principles," *Google AI* (blog), June 7, 2018, https://www.blog.google/technology/ai/ai-principles/.

[20] House of Lords Select Committee, 13.

[21] Gregory N. Mandel, "Emerging Technology Governance," in *Innovative Governance Models for Emerging Technologies*, eds. Gary Marchant, Kenneth Abbot, and Braden Allenby (Cheltenham: Edward Elgar Publishing, 2013), 62.

[22] Cass R. Sunstein, *Laws of Fear: Beyond the Precautionary Principle* (Cambridge: Cambridge University Press, 2005), 58.

[23] European Parliament Resolution of 16 February 2017 with Recommendations to the Commission on Civil Law Rules on Robotics (2015/2103(INL)), http://www.europarl.europa.eu/doceo/document/TA-8-2017-0051_EN.html.

[24] Nick Bostrom, "Existential Risks: Analyzing Human Extinction Scenarios and Related Hazards," *Journal of Evolution and Technology* 9 (2002): 3.

[25] 同上，頁 25。

[26] Ben Rooney, "Women and Children First: Technology and Moral Panic," *Wall Street Journal*, June 11, 2011.

[27] Eric E. Johnson, "The Black Hole Case: The Injunction against the End of the World," *Tennessee Law Review* 76, no. 4 (2009): 819-908.

[28] Karen Hao, "Here Are 10 Ways AI Could Help Fight Climate Change," *MIT Technology Review*, June 20, 2019, https://www.technologyreview.com/s/613838/ai-climate-change-machine-learning/.

[29] Scherer, "Regulating Artificial Intelligence Systems."

[30] Andrea Coravos, Irene Chen, Ankit Gordhandas, and Ariel D. Stern, "We Should Treat

Algorithms Like Prescription Drugs," *Quartz*, February 15, 2019; Olaf J. Groth, Mark J. Nitzberg, and Stuart J. Russell, "AI Algorithms Need FDA-Style Drug Trials," *Wired*, August 15, 2019; Andrew Tutt, "An FDA for Algorithms," *Administrative Law Review* 69, no. 1 (2017): 83.

[31] Groth et al., "AI Algorithms Need FDA-Style Drug Trials."

[32] Coravos et al., "We Should Treat Algorithms Like Prescription Drugs."

[33] 同上。

[34] Colin Gavaghan, Alistair Knott, James Maclaurin, John Zerilli, and Joy Liddicoat, *Government Use of Artificial Intelligence in New Zealand* (Wellington: New Zealand Law Foundation, 2019).

[35] Tutt, "An FDA for Algorithms."

[36] Michael Taylor, "Self-Driving Mercedes-Benzes Will Prioritize Occupant Safety over Pedestrians," *Car and Driver*, October 7, 2016, https://www.caranddriver.com/news/a15344706/self-driving-mercedes-will-prioritize-occupant-safety-over-pedestrians/.

[37] 同上。

[38] Jean-François Bonnefon, Azim Shariff, and Iyad Rahwan, "The Social Dilemma of Autonomous Vehicles," *Science* 352, no. 6293 (June 2016): 1573-1576.

[39] 同上，頁 1575。

[40] Edmond Awad, Sohan Dsouza, Richard Kim, Jonathan Schulz, Joseph Henrich, Azim Shariff, Jean-François Bonnefon, and Iyad Rahwan, "The Moral Machine Experiment," *Nature* 563 (2018): 59-64.

[41] Federal Ministry of Transport and Digital Infrastructure, "Automated and Connected Driving," *Ethics Commission Report*, June 20, 2017.

結語

[1] Javier Espinoza, "Coronavirus Prompts Delays and Overhaul of EU Digital Strategy," *Financial Times*, March 22, 2020.

[2] Pascale Davies, "Spain Plans Universal Basic Income to Fix Coronavirus Economic Crisis," *Forbes*, April 6, 2020, https://www.forbes.com/sites/pascaledavies/2020/04/06/spain-aims-to-roll-out-universal-basic-income-to-fix-coronavirus-economic-crisis/#68d9f7474b35.

國家圖書館出版品預行編目資料

人工智慧來了！身為公民您該知道什麼？／
John Zerilli, John Danaher, James Maclaurin,
Colin Gavaghan, Alistair Knott, Joy
Liddicoat, Merel Noorman著；謝孟達譯.--初
版.--臺北市：五南圖書出版股份有限公
司，2023.04
　　面；　公分
　譯自：A Citizen's Guide to Artificial
　　　　Intelligence
　ISBN 978-626-343-899-6（平裝）

1.CST: 資訊社會　2.CST: 人工智慧

541.415　　　　　　　　　112002987

1PDC

人工智慧來了！身為公民您該知道什麼？
A Citizen's Guide to Artificial Intelligence

編 著 者 — 約翰·澤里利（John Zerilli）
作　　者 — 約翰·丹奈爾（John Danaher）
　　　　　　詹姆士·麥克羅林（James Maclaurin）
　　　　　　柯林·蓋文翰（Colin Gavaghan）
　　　　　　艾利斯特·諾特（Alistair Knott）
　　　　　　裘伊·黎迪寇（Joy Liddicoat）
　　　　　　梅瑞兒·努爾曼（Merel Noorman）
譯　　者 — 謝孟達
審 閱 者 — 陳敦源、黃心怡
發 行 人 — 楊榮川
總 經 理 — 楊士清
總 編 輯 — 楊秀麗
副總編輯 — 劉靜芬
責任編輯 — 黃郁婷、黃麗玟
封面設計 — 姚孝慈
出 版 者 — 五南圖書出版股份有限公司
地　　址：106台北市大安區和平東路二段339號4樓
電　　話：(02)2705-5066　　傳　真：(02)2706-61
網　　址：https://www.wunan.com.tw
電子郵件：wunan@wunan.com.tw
劃撥帳號：01068953
戶　　名：五南圖書出版股份有限公司
法律顧問　林勝安律師
出版日期　2023年4月初版一刷
定　　價　新臺幣380元

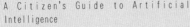

經典永恆·名著常在

五十週年的獻禮——經典名著文庫

五南,五十年了,半個世紀,人生旅程的一大半,走過來了。

思索著,邁向百年的未來歷程,能為知識界、文化學術界作些什麼?

在速食文化的生態下,有什麼值得讓人雋永品味的?

歷代經典·當今名著,經過時間的洗禮,千錘百鍊,流傳至今,光芒耀人;

不僅使我們能領悟前人的智慧,同時也增深加廣我們思考的深度與視野。

我們決心投入巨資,有計畫的系統梳選,成立「經典名著文庫」,

希望收入古今中外思想性的、充滿睿智與獨見的經典、名著。

這是一項理想性的、永續性的巨大出版工程。

不在意讀者的眾寡,只考慮它的學術價值,力求完整展現先哲思想的軌跡;

為知識界開啟一片智慧之窗,營造一座百花綻放的世界文明公園,

任君遨遊、取菁吸蜜、嘉惠學子!